낭송

논어

낭송Q시리즈 원문으로 읽는 디딤돌편 **낭송 논어**

발행일 초판1쇄 2019년 5월 30일(己亥年 己巳月 丁卯日)
풀어 읽은이 김수경, 나은영, 이수민 | **펴낸곳** 북드라망 | **펴낸이** 김현경 |
주소 서울시 종로구 사직로8길 24, 1221호(내수동, 경희궁의아침 2단지)|
전화 02-739-9918 | **이메일** bookdramang@gmail.com

ISBN 979-11-86851-96-8 04140 979-11-86851-18-0(세트) | 이 도서의 국립중앙도서관 출판시도서목
록(CIP)은 서지정보유통지원시스템 홈페이지(http://seoji.nl.go.kr)와 국가자료공동목록시스템(http://
www.nl.go.kr/kolisnet)에서 이용하실 수 있습니다.(CIP제어번호: CIP2019020592) | 이 책은 풀어 읽은
이와 북드라망의 독점계약에 의해 출간되었으므로 무단전재와 무단복제를 금합니다. 잘못 만들어진 책은 서
점에서 바꿔 드립니다.

책으로 여는 지혜의 인드라망, 북드라망 **www.bookdramang.com**

낭송
Q
시리즈

원문으로
읽는
디딤돌편
03

낭송
논어

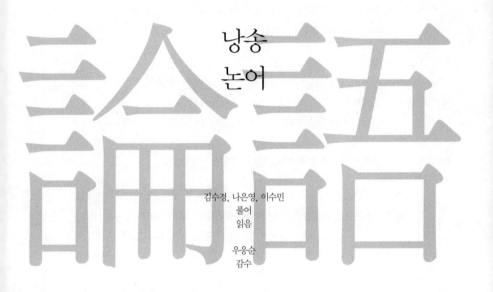

김수경, 나은영, 이수민
풀어
읽음

우응순
감수

티

▶낭송Q시리즈 원문으로 읽는 디딤돌편 『낭송 논어』 사용설명서◀

1. '낭송Q'시리즈의 '낭송Q'는 '낭송의 달인 호모 큐라스'의 약자입니다. '큐라스'(curas)는 '케어'(care)의 어원인 라틴어로 배려, 보살핌, 관리, 집필, 치유 등의 뜻이 있습니다. '호모 큐라스'는 고전평론가 고미숙이 만든 조어로, 자기배려를 하는 사람. 즉 자신의 욕망과 호흡의 불균형을 조절하는 능력을 지닌 사람을 뜻하며, 낭송의 달인이 호모 큐라스인 까닭은 고전을 낭송함으로써 내 몸과 우주가 감응하게 하는 것이야말로 최고의 양생법이자, 자기배려이기 때문입니다(낭송의 인문학적 배경에 대해 더 궁금하신 분들은 고미숙의 『낭송의 달인 호모 큐라스』를 참고해 주십시오).

2. 낭송Q시리즈는 '낭송'을 위한 책입니다. 따라서 이 책은 꼭 소리 내어 읽어 주시고, 나아가 짧은 구절이라도 암송해 보실 때 더욱 빛을 발합니다. 머리와 입이 하나가 되어 책이 없어도 내 몸 안에서 소리가 흘러나오는 것. 그것이 바로 낭송입니다. 이를 위해 낭송Q시리즈의 책들은 모두 수십 개의 짧은 장들로 이루어져 있습니다. 암송에 도전해 볼 수 있는 분량들로 나누어 각 고전의 맛을 머리로, 몸으로 느낄 수 있도록 각 책의 '풀어 읽은이'들이 고심했습니다.

3. 최고의 양생법이자 새로운 독서법으로서의 '낭송'을 처음 세상에 알린 **낭송Q시리즈의 시즌 1**은 **동청룡·남주작·서백호·북현무편**으로 이루어져 있으며, 사계절의 기운을 담고 있는 것을 특징으로 합니다. 동청룡편에는 봄의 창조적 기운, 남주작편에는 여름의 발산력과 화려함, 서백호편에는 가을의 결단력, 북현무편에는 지혜와 상상력을 키울 수 있는 고요함을 품은 고전들이 속해 있습니다. 각 편 서두에는 판소리계 소설을, 마무리에는 네 편으로 나눈 『동의보감』을 하나씩 넣었고, 그 사이에 유교와 불교의 경전, 동아시아 최고의 명문장들을 배열했습니다.

  ▷ <u>동청룡</u>: 『낭송 춘향전』, 『낭송 논어/맹자』, 『낭송 아함경』, 『낭송 열자』, 『낭송 열하일기』, 『낭송 전습록』, 『낭송 동의보감 내경편』

  ▷ <u>남주작</u> : 『낭송 변강쇠가/적벽가』, 『낭송 금강경 외』, 『낭송 삼국지』, 『낭송 장자』,

『낭송 주자어류』, 『낭송 홍루몽』, 『낭송 동의보감 외형편』

▷ 서백호 : 『낭송 흥보전』, 『낭송 서유기』, 『낭송 선어록』, 『낭송 손자병법/오자병법』, 『낭송 이옥』, 『낭송 한비자』, 『낭송 동의보감 잡병편 (1)』

▷ 북현무 : 『낭송 토끼전/심청전』, 『낭송 도덕경/계사전』, 『낭송 대승기신론』, 『낭송 동의수세보원』, 『낭송 사기열전』, 『낭송 18세기 소품문』, 『낭송 동의보감 잡병편 (2)』

4. **낭송Q시리즈 시즌 2**는 고전과 몸 그리고 일상이 조화를 이루는 훈련으로서의 낭송에 초점을 맞추었습니다. **샛별편**에는 전통시대의 초학자들이 제일 먼저 배우며 가장 오래도록 몸과 마음에 새겨놓은 고전을 담았고, 원문으로 읽는 **디딤돌편**은 몸으로 원문의 리듬을 익혀 동양 고전과 자유자재로 접속할 수 있는 힘을 키울 수 있도록 했습니다. 또 **민담·설화편**은 입에서 입으로 전해지는 낭송의 진수를 보여 주는 우리나라 각 지역의 옛날이야기들을 모았으며, **조선왕조실록편**은 조선 태조로부터 철종에 이르기까지 25대 472년간의 역사를 연월일 순서에 따라 편년체로 기록한 조선왕조실록을, **여행기편**은 근대 이전 여행의 기록들을 낭송에 맞게 새롭게 엮었습니다.

▷ 샛별편: 『낭송 천자문/추구』, 『낭송 명심보감』, 『낭송 격몽요결』, 『낭송 사자소학』

▷ 원문으로 읽는 디딤돌편: 『낭송 대학/중용』, 『낭송 주역』, 『낭송 논어』

▷ 민담·설화편: 『낭송 경기도의 옛이야기』, 『낭송 경상북도의 옛이야기』, 『낭송 경상남도의 옛이야기』, 『낭송 제주도의 옛이야기』, 『낭송 충청남도의 옛이야기』, 『낭송 충청북도의 옛이야기』

▷ 조선왕조실록편: 『낭송 태조실록』, 『낭송 태종실록』, 『낭송 세종실록』, 『낭송 성종실록』

▷ 여행기편: 『낭송 18세기 연행록』, 『낭송 19세기 연행록』

5. 낭송Q시리즈 원문으로 읽는 디딤돌편인 이 책 『낭송 논어』는 주로 주희(朱熹)의 『논어집주』(論語集注)를 저본으로 하여 『논어』 전편(全篇)을 풀어 읽은이가 옮기고 엮었습니다. 원문으로 읽는 디딤돌편의 기획 취지에 맞도록 풀이와 함께 원문을 실었습니다.

차례

7편
술이
述而

**16편
계씨
季氏**

낭송
논어

머리말

내공 쌓기
프로젝트,
『논어』

1. 工力, 共力, 功力 키우기

8년 전 처음 딸내미를 유치원에 보내기 시작했을 때다. 오랜만에 해방감을 느꼈던 것도 잠시, 사회로 나갈 준비를 시작하려고 생각하자 덜컥 두려웠다. 돌아갈 직장도 내세울 만한 경력도 없는 내가 무엇을 할 수 있을까, 아니 돈벌이를 하면서 세상에 휘둘리지 않고 살 수 있을까. 그해 '문탁 네트워크'(이하 '문탁')에서는 동양고전을 탐구하는 '내공(內攻) 프로젝트'를 시작했다. 나는 한자도 모르고 공자도 몰랐다. 하지만 이전에 한 번도 해본 적 없는 공부가 이전과 다른 삶의 방식을 배울 기회가 아닐까. 나는 맨땅에 헤딩하는 심정으로 동양고전에 첫발을 내디뎠다.

> "배우고 때때로 그것을 익히면 또한 기쁘지 않겠는가? 벗이 멀리서 찾아오면 또한 즐겁지 않겠는가? 다른 사람이 나를 알아주지 않아도 화내지 않는다면 또한 군자가 아니겠는가?"
> 子曰 : "學而時習之, 不亦說乎? 有朋自遠方來, 不亦樂乎? 人不知而不慍, 不亦君子乎?"

이것은 너무나 유명한 『논어』의 첫 문장이다. 여기서 공자는 자신이 평생에 걸쳐 쌓은 내공을 단 세 문장으로 풀어내고 있다. 내공을 키우는 세 가지 비법, 工力, 共力, 功力!

첫째, 공부의 힘(工力)이다. 공자는 언제나 배움을 즐겼다. 새로운 것을 배우면 자기 몸에 체득될 때까지 익혔다. 마치 새끼 새가 엄마 새처럼 날 수 있는 그날까지 날갯짓을 멈추지 않는 것처럼. 넘어지고 다치기를 반복하다가 어느 날 창공으로 훨훨 날아오른 새끼 새가 느꼈을 희열을 생각해 보라. 억지로 공부하는 시늉을 하며 이 기쁨을 느낄 수 없다. 이 기쁨은 새가 새처럼 날고 사람이 사람답게 살 때 자연스럽게 생겨난다. 공자는 자신의 본성을 거스르지 않는 공부로 내공을 쌓았다.

둘째, 연대의 힘(共力)이다. 그는 자신과 뜻을 함께할 수 있는 친구라면 누구라도 환대했다. 아무리 고향 친구라도 잘못하면 기꺼이 책선(責善)했고, 지위 고하를 막론하고 멀리서 찾아오는 사람일지라도 함께 배웠다. 이렇게 맺은 우정과 그로 인한 즐거움이 세상의 변화를 추동하리라 믿었던 공자. 오랜 사귐으로 쌓은 신의야말로 진정한 친구관계의 조건이라고 생각했다. 그렇기에 그는 각자도생이 아니라 다른 사람과 소통하고 연대하며 내공을 키웠다.

셋째, 성찰의 힘(功力)이다. 공자는 세상의 인정을 받기보다 무시와 냉대를 견뎌 내야 했다. 그가 살았던 춘추시대에는 문물제도와 사회질서가 무너졌고, 그 속에서 백성들은 신음했다. 그는 14년간 수레를 타고 떠돌면서 이런 세상을 바로잡고자 했지만, 그와 만난 어떤 왕도 그를 등용시켜 주지 않았다. 이 기간 동안 그는 숱하게 좌절했지만, 남을 원망하는 대신 자기 내면을 갈고닦았다. 남의 시선 때문이 아니라 자신의 길을 갈 수밖에 없는 운명을 깨달은 공자. 그렇기에 공자는 성찰의 힘으로 남이 알아주지 않더라도 화내지 않고 군자의 길을 갈 수 있었다.

이렇듯 공자는 강력한 내공의 소유자였다. 그는 성실히 공부했고(工力), 여럿이 함께 잘 살기 위해 연대했으며(共力), 자신의 내면을 들여다보고 자기로부터 남을 이해하고 더 나아가 세상의 이치를 깨달았다(功力). 옳다구나! 나도 이 가르침을 따라서 삶의 내공을 키우리라. 그러나 나는 금세 좌절했다. 혼자서는 도저히 『논어』 원문을 읽을 수 없었기 때문이다.

2. 샘물처럼 샘솟는 『논어』 읽기

"읽고 또 읽어라. 그러다 보면 문리(文理)가 트인다!" 내가 『논어』를 배운 첫해, 수업시간마다 가장 많이 들었던 말이다. 이것은 책 한 권을 반복해서 읽다 보면 세상의 이치까지 꿰뚫을 수 있다는 옛사람의 공부법이다. 나는 이 말을 처음 들었을 때 난감했다. 매일 신간도서가 쏟아지고, 사람들은 유행 따라 읽고 싶은 책도 자주 바뀐다. 이런 때 과연 책을 반복해서 읽는 것으로 세상의 흐름을 읽어 낼 수 있을까. 어떻게 드라마를 보거나 밥을 먹으면서도 책을 들여다볼 수 있단 말인가! 게다가 혼자 모르는 한자를 찾고 뜻을 익히는 일은 몇 배로 번거롭다. '일상을 공부처럼 공부를 일상처럼 하라'는 가르침은 흰쌀밥에 섞이는 돌처럼 불편했다. 당시 나는 혼자 『논어』 읽는 것을 포기했다.

그 대신 나는 기회가 닿을 때마다 여러 사람과 함께 『논어』를 읽었다. 어느 때는 초등학생들과 읽고, 어느 때는 청년들과 읽고, 또 어느 때는 사오십 대 주부들과 읽었다. 처음부터 끝까지 한 문장씩 천천히 읽을 때도 있고, 비슷한 주제로 묶어서 읽을 때도 있었다. 일 년 동안 매일 한 문장씩 암송하기도 하고, 매주 한 편씩 '도장(道場) 깨기' 하듯 단번에 읽기도 했다. 나는 『논어』를 읽을 때마다 꽂히는 문장이 달랐다. 같은 문장도 어제가 다르고 오늘이 달랐다. 비록 매일 밥을 먹는 것처럼 『논어』를 읽는 일상으로 당장 바꾸지는 못했지만, 읽으면 읽을수록 재미가 더해지는 이 책의 매력을 조금은 알게 됐다. 파고 또 파도 다시 샘솟는 샘물 같은 『논어』, 그 생명력은 어디서 나오는 것일까?

『논어』는 곱씹을수록 마음속 깊은 곳에 감응하는 울림을 준다. 작년 문탁의 〈파지스쿨〉 학생들과 한 문장씩 『논어』를 읽을 때 일이다. 우리는 「학이」편 11장 "삼 년 동안 아버지가 하시던 일(아버지의 도)을 고치지 않는다면 효라 할 만하다"라는 문장을 읽었다. 여기서 '아버지의 도'를 지키는 것이 효도라는 의미는 무엇일까? 나는 이 문장을 "큰 잘못이 없으면 아버지가 등용한 신하와 그 정책을 삼 년 동안 바꾸지 말라"라는 「자장」편 18장과 연계해 소개했다. 아버지의 도란 당시 왕위계승 과정에서 벌어지는 권력투쟁이 초래할 엄청난 사회혼란을 방지하기 위한 방책이라고 해석했기 때문이다. 하지만 같은 구절이라도 청소년들이 생각하는 아버지의 도는 달랐다.

이들은 부모님의 삶을 자신이 보고 듣고 배운 대로 말했다. "아버지가 젊은 시절 몸값을 올려 가며 이직하지 못할 때는 낙오자라고 생각했어요. 하지만 IMF 칼바람도 넘기고, 한 직장에서 30년간 우직하게 일하시는 모습을 지금은 존경합니다." "아버지가 회사 노조일로 힘든 일이 많았어요. 그때마다 엄마는 흔들리지 않고 아빠의 버팀목이 되어 주셨어요. 결혼한다면 두 분처럼 서로 힘이 되어 주는 관계가 되고 싶어요." 누군가는 가족 구성원의 역할을 고민하기도 했다. "저는 아버지의 도가 무엇인지 잘 모르겠어요. 단순히 부모님이 제게 원하는 것은 아닐 것 같아요."

『논어』의 한 문장이 어떤 멘토의 백 마디 말보다 낫다. 우리는 『논어』 원문과 우리말 뜻을 살려서 소리 내 읽고, 이 문장에 비추어 자신의 일상을 들여다보았다. 아이들에게 아버지의 도는 부모의 삶 그 자체였다. 이렇듯 동양고전을 잘 모르는 아이들도 『논어』를 천천히 읽고 또 읽으며 자연스럽게 과거와 현재를 꿰뚫는 지혜의 샘물을 길어 올릴 수 있다. 이것이 이 책을 읽고 또 읽어도 싫증나지 않는 이유이다.

3. 시처럼 음악처럼 낭송하기

『낭송 논어』는 문탁에서 처음 만나 동양고전을 공부한 동학 셋이 뜻을 모아 만든 책이다. 이 책의 가장 큰 특징은 원문과 함께 『논어』를 낭송할 수 있다는 점이다. 『논어』 원문 20편을 모두 싣고, 주희의 주석을 해석의 기본으로 삼았다. 인(仁), 의(義), 예(禮), 지(知)와 같은 주요 개념은 문장에 따라 한자어를 사용하기도 했다. 우리는 오랫동안 호흡을 맞춰 왔기 때문에 『논어』를 다시 읽고 의미를 살리는 과정은 어렵지 않았다. 그러나 활자 없이 귀로 전해 듣기만 해도 좋은 우리 입말로 풀어내는 과정은 또 다른 도전이었다.

특히 한문으로는 통용되지만 우리말에는 없는 표현을 어떻게 풀 것인가. 이를테면 「학이」편 "친구와 사귈 때는 말에 믿음이 있어야 한다"(與朋友交 言而有信)라는 문장은 우리말로 풀어 읽기 어려웠다. "말에 믿음이 있다"라는 표현을 "말이 진실하다"라거나 "말과 행동이 일치해야 한다"라고 풀어 읽었을 때 그 본래 뜻을 다 담을 수 있는가를 두고 우리는 옥신각신했다. 여기서는 원문의 맛을 살리는 의미에서 그대로 풀었다.

낭송은 크게 소리 내 읽는 또 다른 공부법이다. 낭송을 잘하려면 부드러운 혀의 놀림과 몸을 관통하는 호흡조절이 중요하다. 누구나 자신에게 익숙한 말버릇이 있다. 그래서 혼자보다는 여럿이 읽고 누구나 낭송하기 좋게 고치고 다시 썼다. 동양고전을 함께 공부하는 〈고전공방〉 식구들은 한 구절 한 구절 뜻과 의미를 되새기며 입에서 단내 나도록 함께 읽어 주었다. 특히 문탁의 〈낭송유랑단〉 팀은 우리에게 익숙하지 않은 입말의 묘미를 가르쳐 주었다. 그리고 그냥 지나치지 않고 들어 주고 읽어 주고 고민해 준 문탁의 많은 사람들이 함께 이 책을 만들었다.

『논어』를 낭송해야 할 이유는 많다. 각 편명이 입에서 입으로 전해지기 쉽게 첫 문장에서 빌려 온 것만 봐도, 이 책은 구전으로 전해진 가장 오래된 낭송집이다. 우리에게 때론 묵직한 울림을 주고 때론 언어유희의 소소한 기쁨을 준다. 이제 시처럼 음악처럼 입으로 전하는 일은 우리의 몫이다. 이렇게 낭송 내공을 쌓다 보면 또 누가 알겠는가. 『낭송 논어』가 랩이 되고 댄스가 되고 뮤지컬이 될는지.

풀어 읽은이를 대표하여 김수경

논어

1편

학이(學而)

1-1
배우고 익히면

공자께서 말씀하셨다.

"배우고 때때로 그것을 익히면 또한 기쁘지 않겠는가? 벗이 멀리서 찾아오면 또한 즐겁지 않겠는가? 다른 사람이 나를 알아주지 않아도 화내지 않는다면 또한 군자가 아니겠는가?"

子曰 : "學而時習之, 不亦說乎? 有朋自遠方來,
자왈　　학이시습지　불역열호　유붕자원방래
不亦樂乎? 人不知而不慍, 不亦君子乎?"
불역락호　인부지이불온　불역군자호

1-2
사람됨의 근본

유자^{유약}가 말했다.

"그 사람됨이 부모에게 효도하고 형제들과 우애가 있으면서, 윗사람의 뜻을 거스르는 일을 좋아하는 사람은 드물다. 윗사람의 뜻을 거스르는 일 하기를 좋아하지 않으면서 난을 일으키기를 좋아하는 사람은 있지 않다. 군자는 근본에 힘을 쓰니, 근본이 서면 도가 생긴다. 효도와 우애는 인을 실천하는 근본이다."

有子曰 : "其爲人也孝弟, 而好犯上者, 鮮矣 ;
유자왈　　기위인야효제　이호범상자　선의

不好犯上, 而好作亂者, 未之有也. 君子務本,
불호범상　이호작란자　미지유야　군자무본

本立而道生. 孝弟也者, 其爲仁之本與!"
본립이도생　효제야자　기위인지본여

1-3
교언영색

공자께서 말씀하셨다.

"말을 교묘히 하고 얼굴빛을 꾸미는 사람 중에 어진 사람은 드물다."

子曰 : "巧言令色, 鮮矣仁!"
자 왈   교 언 영 색   선 의 인

1-4
자기를 성찰하다

증자^{증삼}가 말했다.

"나는 날마다 세 가지로 나를 되돌아본다. 다른 사람을 위하
여 일을 도모할 때 성의를 다했는가? 친구와 사귈 때 신의가
있었는가? 배운 것을 제대로 익혔는가?"

曾子曰 : "吾日三省吾身 : 爲人謀而不忠乎?
증 자 왈   오 일 삼 성 오 신   위 인 모 이 불 충 호
與朋友交而不信乎? 傳不習乎?"
여 붕 우 교 이 불 신 호   전 불 습 호

1-5
나라를 다스리는 방법

공자께서 말씀하셨다.

"천승의 나라를 다스리는 데 방법이 있다. 일을 성실히 하여 백성에게 믿음을 얻어야 한다. 비용을 절약하고 사람을 사랑하며, 백성에게 일을 시킬 때는 때에 맞게 해야 한다."

子曰 : "道千乘之國 : 敬事而信, 節用而愛人,
자 왈   도 천 승 지 국   경 사 이 신   절 용 이 애 인
使民以時."
사 민 이 시

1-6
글을 배우는 것보다 먼저 해야 할 일

공자께서 말씀하셨다.

"젊은이는 집에 들어오면 효도하고, 밖에 나가면 공경해야
한다. 행동에는 일관성이 있고 말은 진실하게 하며 사람들
을 널리 사랑하고 어진 사람과 친하게 지내야 한다. 이렇게
하고 남은 힘이 있으면 학문을 한다."

子曰 : "弟子入則孝, 出則弟, 謹而信,
자왈   제자입즉효 출즉제 근이신
汎愛衆而親仁. 行有餘力, 則以學文."
범애중이친인 행유여력 즉이학문

1-7
배운 사람의 행동

자하가 말했다.

"현명한 사람을 존경하기를 여자를 좋아하는 것처럼 한다. 부모를 모실 때는 힘을 다하고 임금을 모실 때는 자기 이익을 앞세우지 않으며, 친구와 더불어 사귈 때는 말에 믿음이 있어야 한다. 그렇다면 비록 배우지 않았다 하더라도 나는 반드시 그를 배운 사람이라고 말할 것이다."

子夏曰 : "賢賢易色, 事父母能竭其力,
자하왈   현현역색   사부모능갈기력

事君能致其身, 與朋友交言而有信. 雖曰未學,
사군능치기신 여붕우교언이유신   수왈미학

吾必謂之學矣."
오필위지학 의

1-8
잘못이 있으면

공자께서 말씀하셨다.

"군자가 신중하지 않으면 위엄이 없으니 배우더라도 견고
하지 못하다. 성실과 신의를 주로 하고, 나만 못한 사람을 사
귀지 말라. 잘못이 있으면 고치기를 꺼리지 말라."

子曰 : "君子不重則不威, 學則不固. 主忠信.
자왈   군자부중즉불위 학즉불고 주충신

無友不如己者. 過則勿憚改."
무우불여기자 과즉물탄개

1-9
신종추원

증자가 말했다.

"장례에 예를 다하고 조상을 잘 추모하면 백성의 덕이 두텁게 될 것이다."

曾子曰 : "愼終追遠, 民德歸厚矣."
증 자 왈   신 종 추 원   민 덕 귀 후 의

1-10
공자의 됨됨이

자금이 자공에게 물었다.

"선생님께서 가시는 나라마다 반드시 그 나라의 정치에 대해 들으시니, 그것은 구하신 것입니까? 사람들이 알려 준 것입니까?"

자공이 말했다.

"선생님께서는 온화함·어짊·공손함·검소함·겸양으로 그것을 얻으셨다. 선생님께서 그것을 구하는 것은 다른 사람이 구하는 것과는 다를 것이다."

子禽問於子貢曰：“夫子至於是邦也, 必聞其政,
자 금 문 어 자 공 왈   부 자 지 어 시 방 야   필 문 기 정
求之與? 抑與之與?” 子貢曰：“夫子溫·良·恭·儉·
구 지 여   억 여 지 여   자 공 왈   부 자 온 량 공 검
讓以得之. 夫子之求之也, 其諸異乎人之求之與?”
양 이 득 지   부 자 지 구 지 야   기 저 이 호 인 지 구 지 여

1-11
효라 할 만하다

공자께서 말씀하셨다.

"아버지가 살아 계실 때는 그 자식의 뜻을 보고 아버지가 돌아가신 뒤에는 그 자식의 행동을 본다. 삼 년 동안 아버지가 하시던 일을 고치지 않는다면 효라 할 만하다."

子曰 : "父在, 觀其志 ; 父沒, 觀其行 ;
자왈　　부재　관기지　　부몰　관기행

三年無改於父之道, 可謂孝矣."
삼 년 무 개 어 부 지 도　가 위 효 의

1-12
예를 행할 때

유자가 말했다.

"예를 행하는 데는 조화가 중요하다. 선왕의 도는 이를 아름답게 여기니 크고 작은 일들이 이렇게 행해졌다. 행해지지 않는 경우가 있으니 조화가 귀하다는 것만 알아 조화만 추구하고, 예로 조절하지 못하면 또한 예가 행해지지 않는다."

有子曰 : "禮之用, 和爲貴. 先王之道斯爲美,
유자왈   예지용 화위귀 선왕지도사위미

小大由之. 有所不行, 知和而和, 不以禮節之,
소대유지 유소불행 지화이화 불이예절지

亦不可行也."
역불가행야

1-13
주인으로 삼을 만한 사람

유자가 말했다.

"약속이 의에 맞으면 말을 실천할 수 있고, 공손함이 예에 맞으면 치욕을 멀리할 수 있다. 의지할 때, 가까운 사람을 버리지 않는 사람이라면 또한 그 사람을 주인으로 삼을 수 있다."

有子曰 : "信近於義, 言可復也 ; 恭近於禮,
유 자 왈　　　신 근 어 의　　언 가 복 야　　공 근 어 례
遠恥辱也 ; 因不失其親, 亦可宗也."
원 치 욕 야　　인 불 실 기 친　　역 가 종 야

1-14
군자의 호학

공자께서 말씀하셨다.

"군자는 먹을 때는 배부름을 구하지 않고, 집에 머무를 때는 편안함을 구하지 않는다. 일을 할 때는 민첩하게 하고 말을 할 때는 신중하게 하고, 도가 있는 사람에게 나아가 바르게 하면 배움을 좋아한다고 할 수 있다."

子曰 : "君子食無求飽, 居無求安, 敏於事而愼於言,
자 왈　　군 자 식 무 구 포　 거 무 구 안　 민 어 사 이 신 어 언
就有道而正焉, 可謂好學也已."
취 유 도 이 정 언　 가 위 호 학 야 이

1-15
절차탁마

자공이 말했다.

"가난하면서 아첨하지 않고, 부유하면서 교만하지 않으면 어떻습니까?"

공자께서 말씀하셨다.

"괜찮다. 하지만 가난하면서 도를 즐기고 부유하면서도 예를 좋아하는 것만은 못하다."

자공이 말했다.

"『시경』에서 말하는 '자르는 듯하고 다듬는 듯하고 쪼는 듯하고 가는 듯하구나'가 이것을 말하는 것이군요."

공자께서 말씀하셨다.

"사^{자공}야, 이제 너와 시를 말할 만하구나. 지나간 일을 말해 주니 다가올 것을 아는구나."

子貢曰：“貧而無諂, 富而無驕, 何如?”子曰：
자공왈　　빈이무첨 부이무교 하여　자왈

“可也. 未若貧而樂, 富而好禮者也.”子貢曰：
가야 미약빈이락 부이호례자야　자공왈

“詩云‘如切如磋, 如琢如磨’其斯之謂與?”子曰：
시운 여절여차 여탁여마 기사지위여　자왈

“賜也, 始可與言詩已矣! 告諸往而知來者.”
사야 시가여언시이의 고저왕이지래자

1-16
공자의 걱정

공자께서 말씀하셨다.

"다른 사람이 나를 제대로 알지 못하는 것을 걱정하지 말고,

내가 다른 사람을 알지 못하는 것을 걱정하라."

子曰 : "不患人之不己知, 患不知人也."
자 왈　　불 환 인 지 불 기 지　환 부 지 인 야

논어

2편

위정(爲政)

2-1
덕치

공자께서 말씀하셨다.

"덕으로 정치를 하는 것은 비유하자면, 북극성이 제자리에

머물러 있어서 여러 별들이 그에게 향하는 것과 같다."

子曰：“爲政以德, 譬如北辰, 居其所而衆星共之.”
자 왈　위 정 이 덕　비 여 북 신　거 기 소 이 중 성 공 지

2-2
생각에 사악함이 없다

공자께서 말씀하셨다.

"시 삼백 편『시경』을 한마디로 하자면 '생각에 사악함이 없는

것'이다."

子曰 : "詩三百, 一言以蔽之, 曰'思無邪'."
자 왈   시 삼 백 일 언 이 폐 지 왈 사 무 사

2-3
부끄러움을 아는 정치

공자께서 말씀하셨다.

"법령으로 다스리고 형벌로 바로잡으면 백성이 형벌을 피하려고만 하고 부끄러움을 모른다. 덕으로 다스리고 예로 바로잡으면 백성이 부끄러움을 알고 마음이 바르게 될 것이다."

子曰 : "道之以政, 齊之以刑, 民免而無恥 ;
자 왈   도 지 이 정 제 지 이 형 민 면 이 무 치

道之以德, 齊之以禮, 有恥且格."
도 지 이 덕 제 지 이 례 유 치 차 격

2-4
공자의 자서전

공자께서 말씀하셨다.

"나는 열다섯에 배움에 뜻을 두었고, 삼십에 자립했다. 사십에 불혹하니 마음이 흔들리지 않았고, 오십에 지천명하여 하늘의 명을 알았다. 육십에 이순했으니 다른 사람의 말이 귀에 거슬리지 않았으며, 칠십에는 마음이 하고자 하는 바를 따라도 법도에서 벗어나지 않았다."

子曰 : "吾十有五而志于學, 三十而立, 四十而不惑.
자 왈   오 십 유 오 이 지 우 학   삼 십 이 립   사 십 이 불 혹
五十而知天命, 六十而耳順, 七十而從心所欲,
오 십 이 지 천 명   육 십 이 이 순   칠 십 이 종 심 소 욕
不踰矩."
불 유 구

2-5
효에 대해 묻다 ①

맹의자^{노나라 대부}가 효에 대해 물었다. 공자께서 말씀하셨다.

"예를 어기지 않는 것입니다."

번지가 수레를 몰고 있는데 공자께서 그에게 말씀하셨다.

"맹손씨가 나에게 효를 물었는데 예를 어기지 않는 것이라

고 대답해 주었다."

번지가 말했다.

"무슨 뜻입니까?"

공자께서 말씀하셨다.

"부모님이 살아 계실 때는 예에 맞게 섬기고, 돌아가시면 예

에 맞게 장례를 지내고, 예에 맞게 제사를 지내는 것이다."

孟懿子問孝. 子曰 : "無違." 樊遲御, 子告之曰 :
맹 의 자 문 효   자 왈   무 위   번 지 어   자 고 지 왈

"孟孫問孝於我, 我對曰'無違'." 樊遲曰 : "何謂也?"
맹손문효어아 아대왈무위 번지왈 하위야

子曰 : "生, 事之以禮 ; 死, 葬之以禮, 祭之以禮."
자왈 생 사지이례 사 장지이례 제지이례

2-6
효에 대해 묻다 ②

맹무백^{노나라 대부}이 효에 대해 물었다. 공자께서 말씀하셨다.

"부모는 오직 자식이 병들까 근심합니다."

孟武伯問孝. 子曰 : "父母唯其疾之憂."
맹 무 백 문 효   자 왈   부 모 유 기 질 지 우

2-7
효에 대해 묻다 ③

자유가 효에 대해 물었다. 공자께서 말씀하셨다.

"요즘에 효는 부모님께 음식을 잘 해드리는 것을 말한다. 그러나 개나 말도 모두 잘 먹여 키우니, 공경하는 마음이 없으면 무엇이 다르겠느냐?"

子游問孝. 子曰 : "今之孝者, 是謂能養. 至於犬馬,
자 유 문 효   자 왈   금 지 효 자   시 위 능 양   지 어 견 마
皆能有養 ; 不敬, 何以別乎?"
개 능 유 양   불 경   하 이 별 호

2-8
효에 대해 묻다 ④

자하가 효에 대해 물었다. 공자께서 말씀하셨다.

"부모님 앞에서 얼굴빛을 부드럽게 하는 것은 어려운 것이다. 일이 있을 때는 젊은이가 힘든 일을 대신하고. 술과 음식이 있을 때는 어른이 먼저 드시게 하는 것, 이것을 효라고 할 수 있겠는가?"

子夏問孝. 子曰 : "色難. 有事弟子服其勞,
자 하 문 효　자 왈　　색 난　유 사 제 자 복 기 로

有酒食先生饌, 曾是以爲孝乎?"
유 주 사 선 생 찬　증 시 이 위 효 호

2-9
어리석어 보이는 안회

공자께서 말씀하셨다.

"내가 회안연와 하루 종일 말을 했는데, 내 말에 질문이 없어
서 어리석은 것 같았다. 물러난 뒤에 혼자 생활하는 것을 보
니 배운 대로 하고 있었다. 회는 어리석지 않도다."

子曰 : "吾與回言終日, 不違如愚. 退而省其私,
자왈   오여회언종일   불위여우   퇴이성기사
亦足以發. 回也不愚."
역족이발   회야불우

2-10
사람됨은 숨길 수가 없다

공자께서 말씀하셨다.

"그의 행동을 보고, 그 행동의 이유를 살펴보고, 무엇을 편안히 여기는지 따져 보면 사람들이 어떻게 자신을 숨길 수 있겠는가? 사람들이 어떻게 자신을 숨길 수 있겠는가?"

子曰 : "視其所以, 觀其所由, 察其所安, 人焉廋哉?
자 왈   시 기 소 이   관 기 소 유   찰 기 소 안   인 언 수 재
人焉廋哉?"
인 언 수 재

2-11
온고지신

공자께서 말씀하셨다.

"옛것을 익히고, 새로운 것을 알면 스승이 될 수 있다."

子曰 : "溫故而知新, 可以爲師矣."
자 왈   온 고 이 지 신   가 이 위 사 의

2-12
군자는 그릇이 아니다

공자께서 말씀하셨다.

"군자는 그릇이 아니다."

子曰 : "君子不器."
자 왈　군 자 불 기

2-13
말보다 행동을 먼저 한다

자공이 군자에 대해 물었다. 공자께서 말씀하셨다.

"말보다 먼저 실천하고 그 후에 말이 따르게 한다."

子貢問君子, 子曰 : "先行其言而後從之."
자 공 문 군 자   자 왈   선 행 기 언 이 후 종 지

2-14
편을 가르지 않는다

공자께서 말씀하셨다.

"군자는 사람들과 두루 잘 지내고 편을 가르지 않으나, 소인
은 편을 가르고 두루 잘 지내지 못한다."

子曰 : "君子周而不比, 小人比而不周."
자 왈   군 자 주 이 불 비   소 인 비 이 부 주

2-15
배움과 생각

공자께서 말씀하셨다.

"배우기만 하고 생각하지 않으면 얻는 것이 없고, 생각만 하고 배우지 않으면 위태롭다."

子曰 : "學而不思則罔, 思而不學則殆."
자 왈   학 이 불 사 즉 망 사 이 불 학 즉 태

2-16
이단을 전공하면 해롭다

공자께서 말씀하셨다.

"이단을 전공하는 것은 해로울 뿐이다!"

子曰 : "攻乎異端, 斯害也已!"
자 왈   공 호 이 단   사 해 야 이

2-17
안다는 것

공자께서 말씀하셨다.

"유자로야! 너에게 안다는 것이 무엇인지 알려 주겠노라. 아는 것을 안다고 하고 모르는 것을 모른다고 하는 것, 이것이 아는 것이다."

子曰 : "由! 誨女知之乎? 知之爲知之, 不知爲不知,
자왈   유   회여지지호   지지위지지   부지위부지
是知也."
시 지 야

2-18
벼슬을 구하는 법

자장이 벼슬을 구하는 법을 배우려고 하였다. 공자께서 말씀하셨다.

"많이 듣고 의심나는 것을 제외하고 그 나머지를 신중히 말하면 허물이 적을 것이다. 많이 보고 위태로운 것을 제외하고 그 나머지를 신중히 행동하면 후회가 적을 것이다. 말에 허물이 적고, 행동에 후회가 적으면 벼슬이 그 가운데 있을 것이다."

子張學干祿. 子曰 : "多聞闕疑, 愼言其餘, 則寡尤 ;
자 장 학 간 록   자 왈   다 문 궐 의   신 언 기 여   즉 과 우
多見闕殆, 愼行其餘, 則寡悔. 言寡尤, 行寡悔,
다 견 궐 태   신 행 기 여   즉 과 회   언 과 우   행 과 회
祿在其中矣."
녹 재 기 중 의

2-19
백성을 복종하게 하려면

애공노나라 임금이 물었다.

"어떻게 하면 백성이 복종합니까?"

공자께서 대답하셨다.

"정직한 사람을 등용하고 모든 부정한 사람을 버려두면 백성이 복종합니다. 부정한 사람을 등용하고 모든 정직한 사람을 버려두면 백성이 복종하지 않습니다."

哀公問曰 : "何爲則民服?" 孔子對曰 :
애 공 문 왈   하 위 즉 민 복   공 자 대 왈

"擧直錯諸枉, 則民服 : 擧枉錯諸直, 則民不服."
거 직 조 제 왕   즉 민 복   거 왕 조 제 직   즉 민 불 복

2-20
솔선수범

계강자노나라 대부가 물었다.

"백성으로 하여금 윗사람을 공경하고 성실해지고, 서로 돕게 하려면 어떻게 해야 할까요?"

공자께서 말씀하셨다.

"위엄 있게 대하면 백성이 공경하고, 부모에게 효도하고 아랫사람에게 자애로우면 백성이 성실해지고, 잘하는 사람을 등용하여 잘못하는 사람을 가르치게 하면 백성이 서로 돕게 될 것입니다."

季康子問 : "使民敬·忠以勸, 如之何?" 子曰 :
계 강 자 문   사 민 경 충 이 권 여 지 하   자 왈

"臨之以壯則敬, 孝慈則忠, 擧善而敎不能則勸."
임 지 이 장 즉 경   효 자 즉 충   거 선 이 교 불 능 즉 권

2-21
정치란 무엇인가

어떤 사람이 공자께 말했다.

"선생께서는 어째서 정치를 하지 않으십니까?"

공자께서 말씀하셨다.

"『서경』에 말하기를 '효로다! 부모에게 효도하여 형제간에

우애가 있고 정치로 펼친다'라고 했다. 이 또한 정치를 하는

것이니 어찌 지위에 있어야만 정치를 하는 것이 되겠는가?"

或謂孔子曰：“子奚不爲政?”
혹 위 공 자 왈　　　자 해 불 위 정

子曰：“書云：'孝乎惟孝, 友于兄弟, 施於有政.'
자 왈　　서 운　　효 호 유 효　우 우 형 제　시 어 유 정

是亦爲政, 奚其爲爲政?”
시 역 위 정　해 기 위 위 정

2-22
사람이 신의가 없다면

공자께서 말씀하셨다.

"사람이면서 신의가 없다면 어떻게 해야 할지 알 수가 없다.

큰 수레에 끌채가 없고, 작은 수레에 멍에가 없다면 어떻게

길을 갈 수 있겠는가?"

子曰 : "人而無信, 不知其可也. 大車無輗,
자 왈   인 이 무 신 부 지 기 가 야   대 거 무 예

小車無軏, 其何以行之哉?"
소 거 무 월   기 하 이 행 지 재

2-23
왕조가 백 번이 바뀌어도

자장이 물었다.

"왕조가 열 번 바뀐 뒤의 일도 알 수 있습니까?"

공자께서 말씀하셨다.

"은나라는 하나라의 예를 따랐으니 덜고 더한 것을 알 수 있다. 주나라는 은나라의 예를 따랐으니 덜고 더한 것을 알 수 있다. 혹 주나라를 계승하는 자가 있다면 비록 왕조가 백 번 바뀌어도 알 수 있다."

子張問 : "十世可知也?"子曰 : "殷因於夏禮,
자 장 문   십 세 가 지 야   자 왈   은 인 어 하 례

所損益, 可知也 ; 周因於殷禮, 所損益, 可知也 ;
소 손 익 가 지 야   주 인 어 은 례 소 손 익   가 지 야

其或繼周者, 雖百世可知也."
기 혹 계 주 자 수 백 세 가 지 야

2-24
아첨과 용기 없음

공자께서 말씀하셨다.

"제사 지내야 할 귀신이 아닌데 제사 지내는 것은 아첨이다.

의로운 일을 보고도 하지 않는 것은 용기가 없는 것이다."

子曰 : "非其鬼而祭之, 諂也. 見義不爲, 無勇也."
자왈　　비 기 귀 이 제 지　첨 야　견 의 불 위　무 용 야

논어

3편

팔일(八佾)

3-1
팔일무를 추다

공자께서 계씨에 대해 말씀하셨다.

"자기 집 뜰에서 팔일무_{천자 앞에서 추는 춤}를 추니 이런 일까지

한다면 무슨 일인들 하지 못하겠는가?"

孔子謂季氏 : "八佾舞於庭, 是可忍也.
공 자 위 계 씨   팔 일 무 어 정   시 가 인 야

孰不可忍也?"
숙 불 가 인 야

3-2
세 집안의 제사

세 대부 집안*에서 「옹」『시경』「주송」의 편명을 노래하며 제사를

마쳤다.

공자께서 말씀하셨다.

"'제후들이 제사를 도우니 천자는 엄숙하게 계시다' 하였는

데 어찌 세 대부 집안에서 이를 노래하는가?"

三家者以雍徹. 子曰："相維辟公, 天子穆穆',
삼 가 자 이 옹 철   자 왈   상 유 벽 공   천 자 목 목

奚取於三家之堂?"
해 취 어 삼 가 지 당

* 세 대부 집안(三家)은 노나라 세 귀족 계손씨, 맹손씨, 숙손씨를 말한다. 노나라 후기 정권
을 장악한 집안이며 이들은 노환공의 후예로 삼환(三桓)이라고 한다. 후에 노나라는 계씨
에 의해서 장악된다.

3-3
사람이 인하지 못하다면

공자께서 말씀하셨다.

"사람이면서 인하지 못하다면 예는 해서 무엇하며, 사람이면서 인하지 못하면 음악은 해서 무엇하겠는가?"

子曰 : "人而不仁, 如禮何? 人而不仁, 如樂何?"
자 왈　　인 이 불 인　여 례 하　인 이 불 인　여 악 하

3-4
예의 근본

임방노나라 사람이 예의 근본을 물었다.

공자께서 말씀하셨다.

"훌륭한 질문이다. 예는 사치한 것보다는 차라리 검소해야

하고, 상례는 형식적으로 하는 것보다는 차라리 슬퍼해야

한다."

林放問禮之本. 子曰 : "大哉問! 禮, 與其奢也,
임 방 문 례 지 본   자 왈   대 재 문   예   여 기 사 야

寧儉 ; 喪, 與其易也, 寧戚."
영 검   상   여 기 이 야   영 척

3-5
오랑캐에게 임금이 있으니

공자께서 말씀하셨다.

"오랑캐에게 임금이 있으니, 중국에 임금이 없는 것과는 같지 않다."

子曰 : "夷狄之有君, 不如諸夏之亡也."
자 왈   이 적 지 유 군   불 여 제 하 지 무 야

3-6
임방만 못하겠는가

계씨가 태산_{천자가 제사지내는 곳}에 제사_{旅祭}를 지내려 했다.

공자께서 염유에게 말씀하셨다.

"네가 그것을 바로잡을 수 없느냐?"

염유가 대답했다.

"할 수 없습니다."

공자께서 말씀하셨다.

"아, 태산의 신이 임방_{예의 근본을 물은 사람}만 못하겠는가?"

季氏旅於泰山. 子謂冉有曰 : "女不能救與?" 對曰 :
계 씨 려 어 태 산   자 위 염 유 왈   여 불 능 구 여   대 왈

"不能." 子曰 : "嗚呼! 曾謂泰山, 不如林放乎?"
불 능   자 왈   오 호   증 위 태 산   불 여 임 방 호

3-7
군자의 경쟁

공자께서 말씀하셨다.

"군자는 다투는 일이 없으나 반드시 활쏘기는 다투었다. 상대방에게 읍하고 사양하며 올라갔다가, 내려와서 술을 마신다. 그 다툼이 군자답다."

子曰 : "君子無所爭, 必也射乎! 揖讓而升, 下而飲.
자왈   군자무소쟁 필야사호 읍양이승 하이음

其爭也君子."
기 쟁 야 군 자

3-8
바탕과 무늬

자하가 물었다.

"『시경』에 이르기를 '예쁜 웃음에는 보조개, 아름다운 눈에는 선명한 눈동자, 흰 비단에 아름답게 꾸몄네' 하니 무슨 말입니까?"

공자께서 말씀하셨다.

"그림 그리는 일은 흰 비단을 마련한 뒤에 하는 것이다."

자하가 말했다.

"예가 나중이라는 뜻이군요."

공자께서 말씀하셨다.

"나를 분발하게 하는 사람은 상^{자하}이로구나! 비로소 함께 시를 말할 수 있구나."

子夏問曰：“巧笑倩兮, 美目盼兮, 素以爲絢兮.’
자 하 문 왈　　　교 소 천 혜　미 목 반 혜　소 이 위 현 혜

何謂也?”子曰：“繪事後素.”曰：“禮後乎?”子曰：
하 위 야　　자 왈　　회 사 후 소　　왈　　예 후 호　　자 왈

“起予者商也! 始可與言詩已矣.”
기 여 자 상 야　　시 가 여 언 시 이 의

3-9
옛 나라의 예악

공자께서 말씀하셨다.

"하나라의 예를 내가 말할 수 있으나 기나라^{하나라의 후손}가 충분히 증명하지 못한다. 은나라의 예를 내가 말할 수 있으나 송나라^{은나라의 후손}가 충분히 증명하지 못한다. 문헌과 어진 사람이 부족하기 때문이니 충분하다면 내가 증명할 수 있을 것이다."

子曰：“夏禮吾能言之, 杞不足徵也；
자 왈　　하 례 오 능 언 지　기 부 족 징 야

殷禮吾能言之, 宋不足徵也. 文獻不足故也,
은 례 오 능 언 지　송 부 족 징 야　문 헌 부 족 고 야

足則吾能徵之矣.”
족 즉 오 능 징 지 의

3-10

체제사 ①

공자께서 말씀하셨다.

"체제사에서 강신주신이 강림하도록 붓는 술를 따른 이후의 절차를

나는 더 이상 보고 싶지 않다."

子曰：“禘自旣灌而往者, 吾不欲觀之矣.”
자 왈　　 체 자 기 관 이 왕 자 　 오 불 욕 관 지 의

3-11
체제사 ②

어떤 사람이 체제사의 내용을 묻자 공자께서 말씀하셨다.
"모르겠다. 그 내용을 아는 사람이 천하를 다스리면 여기에
다 올려놓고 보는 것과 같이 쉬울 것이다" 하시고 자기 손바
닥을 가리키셨다.

或問禘之說. 子曰 : "不知也. 知其說者之於天下也,
혹 문 체 지 설   자 왈   부 지 야   지 기 설 자 지 어 천 하 야
其如示諸斯乎!" 指其掌.
기 여 시 저 사 호   지 기 장

3-12
제사에 임하는 태도

조상에게 제사를 지낼 때는 조상님이 계신 듯이 하고, 신에게 제사를 지낼 때는 신이 계신 듯이 한다.
공자께서 말씀하셨다.
"내가 제사에 참여하지 않으면 제사를 지내지 않은 것과 같다."

祭如在, 祭神如神在. 子曰 : "吾不與祭, 如不祭."
제 여 재 제 신 여 신 재 자 왈   오 불 여 제 여 부 제

3-13
하늘에 죄를 지으면

왕손가위나라 대부가 물었다.

"'아랫목 신에게 잘 보이는 것보다 차라리 부뚜막 신에게

잘 보이라'고 하니, 어떻게 생각하십니까?"

공자께서 말씀하셨다.

"그렇지 않다. 하늘에 죄를 지으면 빌 곳도 없다."

王孫賈問曰 : "與其媚於奧, 寧媚於竈, 何謂也?"
왕 손 가 문 왈   여 기 미 어 오   영 미 어 조   하 위 야

子曰 : "不然, 獲罪於天, 無所禱也."
자 왈   불 연 획 죄 어 천 무 소 도 야

3-14
찬란한 주나라의 문화

공자께서 말씀하셨다.

"주나라는 하나라와 은나라를 본받았으니, 찬란하다. 그 문
화여! 나는 주나라를 따르겠다."

子曰：“周監於二代, 郁郁乎文哉! 吾從周.”
자 왈　　주 감 어 이 대　욱 욱 호 문 재　　오 종 주

3-15
일일이 묻는 것이 예다

공자께서 태묘에 들어가 일일이 물으시니 어떤 이가 말했다.

"누가 추땅 사람의 아들^{공자}이 예를 안다고 하는가? 태묘에

들어와서 일일이 묻는구나."

공자께서 이 말을 들으시고 말씀하셨다.

"이것이 예다."

子入大廟, 每事問. 或曰："孰謂鄹人之子知禮乎?
자 입 태 묘 매 사 문 혹 왈   숙 위 추 인 지 자 지 례 호

入大廟, 每事問." 子聞之曰："是禮也."
입 태 묘 매 사 문   자 문 지 왈   시 례 야

3-16
활쏘기의 도

공자께서 말씀하셨다.

"활쏘기는 과녁의 정중앙에 있는 가죽을 뚫는 것에 주력하지 않으니 사람마다 힘이 같지 않기 때문이다. 이것이 옛날의 도이다.

子曰 : "射不主皮, 爲力不同科, 古之道也."
자 왈　　사 부 주 피　위 력 부 동 과　고 지 도 야

3-17
그 예가 아깝다

자공이 초하루에 지내는 종묘 제사*에 희생으로 바치는 양
을 쓰지 않으려 했다.

공자께서 말씀하셨다.

"사야, 너는 그 양이 아까우냐? 나는 그 예가 아깝다."

子貢欲去告朔之餼羊. 子曰 : "賜也, 爾愛其羊,
자 공 욕 거 곡 삭 지 희 양   자 왈   사 야 이 애 기 양

我愛其禮."
아 애 기 례

*천자가 섣달에 그다음 해 열두 달의 달력을 나누어 주면 제후가 그것을 종묘에 보관하고
매월 초하루에 양을 희생으로 써서 제사를 지내고 달력을 펼치는 것을 곡삭(告朔)의 예라
고 한다.

3-18
예를 다할 뿐

공자께서 말씀하셨다.

"임금을 섬김에 예를 다하는 것을 다른 사람들은 아첨한다
고 하는구나."

子曰 : "事君盡禮, 人以爲諂也."
자 왈　사 군 진 례　인 이 위 첨 야

3-19
정공이 묻다

정공노나라 임금이 물었다.

"임금이 신하를 부리는 것과 신하가 임금을 섬기는 것은 어떻게 해야 합니까?"

공자께서 대답하셨다.

"임금은 신하를 예로써 부리고, 신하는 임금을 성의를 다해서 섬깁니다."

定公問 : "君使臣, 臣事君, 如之何?" 孔子對曰 :
정공문　　군사신 신사군　여지하　　공자대왈

"君使臣以禮, 臣事君以忠."
　군사신이례　신사군이충

3-20
애이불상

공자께서 말씀하셨다.

"「관저」『시경』의 편명는 즐거워하지만 지나치지 않고, 슬퍼하지

만 마음을 해치지 않는다."

子曰 : "關雎, 樂而不淫, 哀而不傷."
자 왈　　 관 저　 낙 이 불 음 　애 이 불 상

3-21
기왕불구

애공이 재아에게 토지신을 모시는 것에 대해 물었다.

재아가 대답했다.

"하후씨는 소나무를 심었고 은나라 사람은 잣나무를 심었으며, 주나라 사람은 밤나무를 심었으니, 백성들을 벌벌 떨게 하려고 한 것입니다."

공자께서 그것을 들으시고 말씀하셨다.

"이루어진 일이라 말할 수 없고, 다된 일이라 고칠 수 없으며, 이미 지난 일이라 탓할 수 없구나."

哀公問社於宰我. 宰我對曰 : "夏后氏以松,
애 공 문 사 어 재 아   재 아 대 왈   하 후 씨 이 송

殷人以栢, 周人以栗, 曰使民戰栗." 子聞之曰 :
은 인 이 백   주 인 이 율   왈 사 민 전 율   자 문 지 왈

"成事不說, 遂事不諫, 旣往不咎."
성 사 불 설   수 사 불 간   기 왕 불 구

3-22
관중은 그릇이 작다

공자께서 말씀하셨다.

"관중제나라 재상의 그릇이 작구나."

어떤 이가 말했다.

"관중은 검소했습니까?"

공자께서 말씀하셨다.

"관중은 집이 세 채나 있었고, 가신에게 일을 겸직시키지 않았으니, 어찌 검소하다고 할 수 있겠는가."

"그러면 관중은 예를 알았습니까?"

공자께서 말씀하셨다.

"임금만이 병풍으로 문을 가릴 수 있는데 관중도 병풍으로 문을 가렸다. 임금만이 두 나라의 임금이 회합할 때 반점사이에 두는 탁자을 두는데 관중도 반점을 두었다. 관중이 예를 안다고 한다면 누구인들 예를 알지 못하겠는가?"

子曰 : "管仲之器小哉!"
자 왈   관 중 지 기 소 재

或曰 : "管仲儉乎?" 曰 : "管氏有三歸, 官事不攝,
혹 왈   관 중 검 호   왈   관 씨 유 삼 귀 관 사 불 섭

焉得儉?" "然則管仲知禮乎?" 曰 : "邦君樹塞門,
언 득 검   연 즉 관 중 지 례 호   왈   방 군 수 색 문

管氏亦樹塞門 ; 邦君爲兩君之好, 有反坫,
관 씨 역 수 색 문 방 군 위 량 군 지 호 유 반 점

管氏亦有反坫. 管氏而知禮, 孰不知禮?"
관 씨 역 유 반 점 관 씨 이 지 례 숙 부 지 례

3-23
음악을 논하다

공자께서 노나라 태사에게 음악에 대해 말씀하셨다.

"음악은 알 수 있는 것이다. 처음 연주할 때는 여러 악기의
소리가 합쳐지고, 풀어놓으면 조화를 이루고, 소리가 분명
해지니, 서로 끊이지 않고 마무리된다."

子語魯大師樂. 曰 : "樂其可知也 : 始作, 翕如也 ;
자 어 노 태 사 악 왈   악 기 가 지 야   시 작 흡 여 야

從之, 純如也, 皦如也, 繹如也, 以成."
종 지 순 여 야 교 여 야 역 여 야 이 성

3-24
하늘이 목탁으로 삼다

의儀 땅의 국경 관리인이 뵙기를 청하며 말했다.

"군자가 이곳에 오면 내가 일찍이 만나 보지 못한 적이 없습
니다."

공자를 수행하는 제자가 뵙게 해주었다.

그가 뵙고 나와서 말했다.

"그대들은 어찌 선생님께서 벼슬을 잃은 것을 걱정하는가?

천하에 도가 없어진 지 오래되었으니 하늘이 장차 선생님을
목탁으로 삼으실 것이다."

儀封人請見. 曰 :
의 봉 인 청 현   왈

"君子之至於斯也, 吾未嘗不得見也." 從者見之.
군 자 지 지 어 사 야   오 미 상 부 득 견 야   종 자 현 지

出曰 : "二三子, 何患於喪乎? 天下之無道也久矣,
출왈   이삼자 하환어상호 천하지무도야구의

天將以夫子爲木鐸."
천 장 이 부 자 위 목 탁

3-25
순임금과 무왕의 음악

공자께서 소_{순임금의 음악}에 대해서는 "지극히 아름답고, 지극히 선하다"라고 하시고, 무_{무왕의 음악}에 대해서는 "지극히 아름답지만 지극히 선하지는 못하다"라고 하셨다.

子謂韶, "盡美矣, 又盡善也". 謂武, "盡美矣,
자 위 소   진 미 의 우 진 선 야   위 무   진 미 의

未盡善也".
미 진 선 야

3-26
사람을 알아보는 법

공자께서 말씀하셨다.

"윗자리에 있으면서 관대하지 않으며, 예를 행하면서 공경하지 않고, 상을 당하여 애도하지 않는다면 내가 무엇을 가지고 그를 보겠는가."

子曰 : "居上不寬, 爲禮不敬, 臨喪不哀,
자 왈   거 상 불 관 위 례 불 경   임 상 불 애
吾何以觀之哉?"
오 하 이 관 지 재

논어

4편

이인(里仁)

4-1
어진 마을이 아름답다

공자께서 말씀하셨다.

"풍속이 어진 마을이 아름답다. 택하여서 어진 곳에 살지 않

으면 어찌 지혜롭다 하겠는가?"

子曰 : "里仁爲美. 擇不處仁, 焉得知?"
자 왈　　이 인 위 미　택 불 처 인　언 득 지

4-2
인에서 편안한 사람

공자께서 말씀하셨다.

"어질지 못한 사람은 곤궁한 데에 오래 머물 수 없으며, 즐거움에 오래 머물 수 없다. 어진 사람은 인을 편안히 여기고, 지혜로운 사람은 인을 이롭게 여긴다."

子曰 : "不仁者不可以久處約, 不可以長處樂.
자 왈   불 인 자 불 가 이 구 처 약   불 가 이 장 처 락
仁者安仁, 知者利仁."
인 자 안 인   지 자 리 인

4-3
어진 사람

공자께서 말씀하셨다.

"오직 어진 사람만이 다른 사람을 좋아할 수 있고, 다른 사람을 미워할 수도 있다."

子曰 : "惟仁者能好人, 能惡人."
자 왈　　 유 인 자 능 호 인　 능 오 인

4-4
인에 뜻을 두면

공자께서 말씀하셨다.

"진실로 인에 뜻을 두면 악을 행하는 일이 없게 된다."

子曰 : "苟志於仁矣, 無惡也."
자 왈   구 지 어 인 의 무 악 야

4-5
부유함과 귀함

공자께서 말씀하셨다.

"부유함과 귀함, 이것은 사람들이 원하는 것이나 정당한 방법으로 얻은 것이 아니면 머물지 않는다. 가난함과 천함, 이것은 사람들이 싫어하는 것이나 정당한 방법으로 얻어진 것이 아니더라도 떠나지 않는다. 군자가 인을 떠나면 어찌 이름을 이룰 수 있겠는가? 군자는 밥을 먹는 동안에도 인을 떠남이 없으니, 다급한 때에도 반드시 인에 머물고, 위태로운 때에도 반드시 인에 머문다."

子曰 : "富與貴, 是人之所欲也,
자 왈   부여귀   시인지소욕야
不以其道得之, 不處也 ; 貧與賤, 是人之所惡也,
불 이 기 도 득 지   불 처 야   빈 여 천   시 인 지 소 오 야

不以其道得之, 不去也. 君子去仁, 惡乎成名?
불 이 기 도 득 지 불 거 야 군 자 거 인 오 호 성 명

君子無終食之間違仁, 造次必於是, 顚沛必於是."
군 자 무 종 식 지 간 위 인 조 차 필 어 시 전 패 필 어 시

4-6

인에 힘을 쓰지 않는 것

공자께서 말씀하셨다.

"나는 인을 좋아하는 사람과 불인을 미워하는 사람을 보지 못했다. 인을 좋아하는 사람은 인보다 더 높이는 것이 없다. 불인을 미워하는 사람은 인을 행할 때 불인한 것이 자신에게 미치지 못하게 한다. 하루라도 그 힘을 인에 쓰는 사람이 있는가? 나는 힘이 부족해서 하지 못하는 사람을 아직 보지 못했다. 아마도 그런 사람이 있겠지만 내가 아직 보지 못했나 보다."

子曰 : "我未見好仁者, 惡不仁者. 好仁者,
자 왈   아 미 견 호 인 자 오 불 인 자 호 인 자

無以尙之 ; 惡不仁者, 其爲仁矣,
무 이 상 지   오 불 인 자 기 위 인 의

不使不仁者加乎其身. 有能一日用其力於仁矣乎?
불사불인자가호기신 유능일일용기력어인의호

我未見力不足者. 蓋有之矣, 我未之見也."
아미견력부족자 개유지의 아미지견야

4-7
잘못을 보면 알 수 있다

공자께서 말씀하셨다.

"사람의 잘못은 각각 그 유형을 따른다. 잘못을 보면 인한지
를 알 수 있다."

子曰 : "人之過也, 各於其黨. 觀過, 斯知仁矣."
자 왈   인 지 과 야 각 어 기 당 관 과 사 지 인 의

4-8
아침에 도를 들으면

공자께서 말씀하셨다.

"아침에 도를 들으면 저녁에 죽어도 좋다."

子曰 : "朝聞道, 夕死可矣."
자 왈　　조 문 도　석 사 가 의

4-9

도에 뜻을 두고도

공자께서 말씀하셨다.

"선비가 도에 뜻을 두고도 허름한 옷과 거친 음식을 부끄러
워한다면 그와는 더불어 도를 의논할 수 없다."

子曰 : "士志於道, 而恥惡衣惡食者, 未足與議也."
자왈   사지어도 이치악의악식자 미족여의야

4-10
군자는 의를 따른다

공자께서 말씀하셨다.

"군자는 천하의 일에 있어 꼭 해야 하는 것도 없고, 절대로

하면 안 되는 것도 없으니, 의를 따를 뿐이다."

子曰 : "君子之於天下也, 無適也, 無莫也,
자 왈   군 자 지 어 천 하 야   무 적 야   무 막 야

義之與比."
의 지 여 비

4-11
군자와 소인

공자께서 말씀하셨다.

"군자는 덕을 생각하고 소인은 땅을 생각한다. 군자는 형법을 생각하고 소인은 특혜를 생각한다."

子曰 : "君子懷德, 小人懷土 ; 君子懷刑,
자왈　군자회덕　소인회토　군자회형

小人懷惠."
소인회혜

4-12
이익에 따라 행동하면

공자께서 말씀하셨다.

"이익에 따라 행동하면 원망이 많다."

子曰 : "放於利而行, 多怨."
자 왈   방 어 리 이 행   다 원

4-13
예와 겸양이 있는 나라

공자께서 말씀하셨다.

"예와 겸양으로 나라를 다스릴 수 있다면 무슨 어려움이 있겠는가? 예와 겸양으로 나라를 다스릴 수 없다면 예는 무엇하겠는가?"

子曰 : "能以禮讓爲國乎? 何有? 不能以禮讓爲國,
자 왈   능 이 례 양 위 국 호   하 유   불 능 이 례 양 위 국
如禮何?"
여 례 하

4-14

걱정하지 말고

공자께서 말씀하셨다.

"지위가 없음을 걱정하지 말고, 지위에 맞는 능력을 갖추었
는지 걱정해야 한다. 자기를 알아주는 사람이 없음을 걱정
하지 말고, 알려질 만한 사람이 되고자 해야 한다."

子曰 : "不患無位, 患所以立 ; 不患莫己知,
자왈   불환무위 환소이립   불환막기지

求爲可知也."
구 위 가 지 야

4-15
충과 서

공자께서 말씀하셨다.

"삼아! 나의 도는 하나의 이치로 모든 것을 꿰뚫는다."

증자가 "네" 하고 대답했다.

공자께서 나가시자 문인들이 물었다.

"무슨 말씀이십니까?"

증자가 말했다.

"선생님의 도는 충과 서일 뿐이다."

子曰 : "參乎! 吾道一以貫之." 曾子曰 : "唯."
자왈   삼호   오도일이관지   증자왈   유

子出. 門人問曰 : "何謂也?" 曾子曰 : "夫子之道,
자출 문인문왈   하위야   증자왈   부자지도

忠恕而已矣."
충서이이의

4-16
군자는 의에 밝다

공자께서 말씀하셨다.

"군자는 의에 밝고, 소인은 이익에 밝다."

子曰 : "君子喩於義, 小人喩於利."
자왈 　　군자유어의 　소인유어리

4-17
다른 사람의 행실을 보고

공자께서 말씀하셨다.

"현명한 사람을 보면 그와 같아질 것을 생각하고, 현명하지

못한 사람을 보면 안으로 자신을 성찰해야 한다."

子曰 : "見賢思齊焉, 見不賢而內自省也."
자 왈   견 현 사 제 언   견 불 현 이 내 자 성 야

4-18
부모를 섬길 때

공자께서 말씀하셨다.

"부모가 잘못이 있으면 조심스럽게 말씀드려야 한다. 부모가 자신의 뜻을 따르지 않더라도 더욱 공경하고 어기지 않는다. 힘들더라도 원망하지 않는다."

子曰 : "事父母幾諫. 見志不從, 又敬不違,
자왈　　사부모기간　견지부종　우경불위
勞而不怨."
노 이 불 원

4-19
멀리 놀러 나가지 말라

공자께서 말씀하셨다.

"부모가 살아 계실 때는 멀리 놀러가지 말라. 놀러갈 때는

반드시 갈 곳을 정해야 한다."

子曰 : "父母在, 不遠遊. 遊必有方."
자왈　　부모재　불원유　유필유방

4-20
자식의 효도

공자께서 말씀하셨다.

"삼 년 동안 아버지가 하시던 일을 바꾸지 않으면 효라고 할 수 있다."

子曰 : "三年無改於父之道, 可謂孝矣."
자 왈　　삼 년 무 개 어 부 지 도　　가 위 효 의

4-21
부모의 나이

공자께서 말씀하셨다.

"부모의 나이는 모르면 안 된다. 한편으로는 기쁘고 한편으로는 두렵기 때문이다."

子曰 : "父母之年, 不可不知也. 一則以喜,
자왈　부모지년　불가부지야　일즉이희
一則以懼."
일즉이구

4-22
옛사람의 부끄러움

공자께서 말씀하셨다.

"옛사람들이 말을 함부로 하지 않은 것은 자신의 행동이 따르지 못함을 부끄러워했기 때문이다."

子曰 : "古者言之不出, 恥躬之不逮也."
자왈   고자언지불출 치궁지불체야

4-23
절제

공자께서 말씀하셨다.

"절제하면 실수하는 경우가 드물다."

子曰 : "以約失之者鮮矣."
자 왈   이 약 실 지 자 선 의

4-24
말은 어눌하게

공자께서 말씀하셨다.

"군자는 말은 어눌하게 하고, 행동은 민첩하게 하려고 한다."

子曰 : "君子欲訥於言而敏於行."
자 왈   군 자 욕 눌 어 언 이 민 어 행

4-25
덕은 외롭지 않다

공자께서 말씀하셨다.

"덕은 외롭지 않으니 반드시 이웃이 있다."

子曰 : "德不孤, 必有鄰."
자 왈　　　덕 불 고　필 유 린

4-26
자주 충고하면 소원해진다

자유가 말했다.

"임금을 섬기면서 자주 간언하면 욕을 당하고, 친구를 사귀면서 자주 충고하면 소원해진다."

子游曰 : "事君數, 斯辱矣, 朋友數, 斯疏矣."
자 유 왈   사 군 삭 사 욕 의 붕 우 삭 사 소 의

논어

5편

공야장(公冶長)

5-1
공야장을 사위 삼은 이유

공자께서 공야장에 대해 말씀하셨다.

"사위 삼을 만하다. 비록 포승줄에 묶여 옥중에 있었으나 그의 죄가 아니었다."

자기 딸을 그에게 시집보냈다.

공자께서 남용에 대해 말씀하셨다.

"나라에 도가 있으면 버려지지 않고, 나라에 도가 없으면 형벌은 면할 것이다."

형의 딸을 그에게 시집보냈다.

子謂公冶長, "可妻也. 雖在縲絏之中, 非其罪也."
자 위 공 야 장   가 처 야   수 재 루 설 지 중   비 기 죄 야

以其子妻之. 子謂南容, "邦有道, 不廢 ; 邦無道,
이 기 자 처 지   자 위 남 용   방 유 도   불 폐   방 무 도

免於刑戮." 以其兄之子妻之.
면 어 형 륙   이 기 형 지 자 처 지

5-2
자천은 군자답다

공자께서 자천에 대해 말씀하셨다.

"군자답구나, 이 사람은! 노나라에 군자가 없었다면 이 사람
이 어디서 이러한 덕을 이루었겠는가?"

子謂子賤, "君子哉若人! 魯無君子者, 斯焉取斯?"
자위자천　군자재약인　노무군자자　사언취사

5-3
자공은 호련이다

자공이 물었다.

"저는 어떻습니까?"

공자께서 말씀하셨다.

"너는 그릇이다."

자공이 말했다.

"어떤 그릇입니까?"

"호련_{옥으로 만든 귀한 제기}이다."

子貢問曰 : "賜也何如?" 子曰 : "女器也."
자 공 문 왈   사 야 하 여   자 왈   여 기 야

曰 : "何器也?" 曰 : "瑚璉也."
왈   하 기 야   왈   호 련 야

5-4
말재주 없는 중궁

어떤 사람이 말했다.

"옹^{중궁}은 인하나 말재주가 없습니다."

공자께서 말씀하셨다.

"말재주를 어디에 쓰겠는가? 말재주로 남을 대하면 자주 사람들에게 미움만 받을 뿐이다. 그가 인한지는 모르겠으나 말재주를 어디에 쓰겠는가?"

或曰 : "雍也仁而不佞." 子曰 : "焉用佞?
혹왈   옹야인이불녕   자왈   언용녕

禦人以口給, 屢憎於人. 不知其仁, 焉用佞?"
어인이구급 누증어인 부지기인 언용녕

5-5
칠조개의 겸양

공자께서 칠조개에게 벼슬을 하도록 권하셨다.

그가 대답했다.

"저는 이 일에 아직 자신이 없습니다."

공자께서 기뻐하셨다.

子使漆雕開仕. 對曰 : "吾斯之未能信." 子說.
자 사 칠 조 개 사 대 왈   오 사 지 미 능 신   자 열

5-6
용기를 좋아한 자로

공자께서 말씀하셨다.

"도가 행해지지 않으니 뗏목을 타고 바다를 떠다니련다. 아마도 나를 따를 사람은 유^{자로}겠지?"

자로가 이 말씀을 듣고 기뻐했다.

공자께서 말씀하셨다.

"유는 용기를 좋아함이 나보다는 나으나, 사리를 판단하지 못하는구나."

子曰：“道不行, 乘桴浮于海. 從我者其由與?”
자왈　　도불행　승부부우해　종아자기유여
子路聞之喜. 子曰：“由也好勇過我, 無所取材.”
자로문지희　자왈　　유야호용과아　무소취재

5-7
맹무백이 제자에 대해 묻다

맹무백이 물었다.

"자로는 인합니까?"

공자께서 말씀하셨다.

"모르겠습니다."

또 묻자 공자께서 말씀하셨다.

"유는 천승의 나라에서 군대를 다스리게 할 수 있으나 그가 인한지는 모르겠습니다."

맹무백이 물었다.

"구염구는 어떻습니까?"

공자께서 말씀하셨다.

"구는 천 가구 정도의 고을과 백승 집안의 재상을 시킬 수 있으나 그가 인한지는 모르겠습니다."

"적자화은 어떻습니까?"

공자께서 말씀하셨다.

"적은 관복을 입고 조정에 서서 빈객을 맞아 응대하게 할 수
는 있으나 그가 인한지는 모르겠습니다."

孟無伯問 : "子路仁乎?" 子曰 : "不知也."
맹 무 백 문　　　자 로 인 호　　자 왈　　부 지 야

又問. 子曰 : "由也, 千乘之國, 可使治其賦也,
우 문 자 왈　　유 야　천 승 지 국　가 사 치 기 부 야

不知其仁也." "求也何如?" 子曰 : "求也,
부 지 기 인 야　　구 야 하 여　　자 왈　　구 야

千室之邑, 百乘之家 , 可使爲之宰也, 不知其仁也."
천 실 지 읍　백 승 지 가　가 사 위 지 재 야　부 지 기 인 야

"赤也何如?" 子曰 : "赤也, 束帶立於朝,
적 야 하 여　　자 왈　　적 야　속 대 립 어 조

可使與賓客言也, 不知其仁也."
가 사 여 빈 객 언 야　부 지 기 인 야

5-8
문일지십

공자께서 자공에게 말씀하셨다.

"너와 회 중에 누가 더 나으냐?"

자공이 대답했다.

"제가 어찌 감히 회를 바라겠습니까? 회는 하나를 들으면

열을 알고, 저는 하나를 들으면 둘을 압니다."

공자께서 말씀하셨다.

"너는 회만 못하다. 나도 네가 그만 못하다고 생각한다."

子謂子貢曰:"女與回也孰愈?"
자 위 자 공 왈   여 여 회 야 숙 유

對曰:"賜也何敢望回? 回也聞一以知十,
대 왈   사 야 하 감 망 회   회 야 문 일 이 지 십

賜也聞一以知二." 子曰:"弗如也! 吾與女,
사 야 문 일 이 지 이   자 왈   불 여 야   오 여 녀

弗如也."
불 여 야

5-9
낮잠 잔 재여

재여가 낮잠을 잤다. 공자께서 말씀하셨다.

"썩은 나무는 조각할 수 없고, 거름흙으로 쌓은 담장은 손질할 수 없다. 여재여를 어찌 꾸짖을 수 있겠는가?"

공자께서 말씀하셨다.

"처음에는 내가 사람을 대할 때 그의 말을 듣고 행실을 믿었다. 지금은 내가 사람을 대할 때 그의 말을 듣고 행실을 살펴본다. 여로 인해 이렇게 고치게 되었다."

宰予晝寢. 子曰："朽木不可雕也,
재여주침   자왈   후목불가조야

糞土之墻不可杇也, 於予與何誅?" 子曰：
분토지장불가오야   어여여하주   자왈

"始吾於人也, 聽其言而信其行；今吾於人也,
시오어인야 청기언이신기행   금오어인야

聽其言而觀其行. 於予與改是."
청기언이관기행   어여여개시

5-10
신정의 욕심

공자께서 말씀하셨다.

"나는 아직 강한 자를 보지 못했다."

어떤 사람이 말했다.

"신정이 있습니다."

공자께서 말씀하셨다.

"정은 욕심으로 하는 것이니 어찌 강하다고 할 수 있겠는가."

子曰 : "吾未見剛者." 或對曰 : "申棖."
자왈   오미견강자   혹대왈   신정

子曰 : "棖也慾, 焉得剛?"
자왈   정야욕 언득강

5-11
자공이 할 수 없는 일

자공이 말했다.

"저는 남이 나에게 하지 않았으면 하는 일을 저도 남에게 하지 않으려고 합니다."

공자께서 말씀하셨다.

"사야, 이것은 네가 할 수 있는 일이 아니다."

子貢曰 : "我不欲人之加諸我也, 吾亦欲無加諸人."
자 공 왈   아 불 욕 인 지 가 저 아 야   오 역 욕 무 가 저 인

子曰 : "賜也, 非爾所及也."
자 왈   사 야   비 이 소 급 야

5-12
선생님께 듣지 못했던 말

자공이 말했다.

"선생님의 문장은 들을 수 있으나 선생님께서 성과 천도에

대해 말씀하시는 것은 들을 수 없었다."

子貢曰:"夫子之文章, 可得而聞也;
자 공 왈　　부 자 지 문 장　가 득 이 문 야

夫子之言性與天道, 不可得而聞也."
부 자 지 언 성 여 천 도　불 가 득 이 문 야

5-13
자로의 두려움

자로는 가르침을 듣고 그것을 아직 실천하지 못하면, 행여 다른 가르침을 들을까 두려워했다.

子路有聞, 未之能行, 唯恐有聞.
자로유문   미지능행   유공유문

5-14
불치하문

자공이 말했다.

"공문자^{위나라 대부}는 어째서 시호를 문^文이라고 합니까?"

공자께서 말씀하셨다.

"영민하면서도 배우기를 좋아하고, 아랫사람에게 묻기를

부끄러워하지 않았다. 이 때문에 시호를 문이라 한 것이다."

子貢問曰 : "孔文子何以謂之文也?" 子曰 :
자 공 문 왈　　공 문 자 하 이 위 지 문 야　　자 왈

"敏而好學, 不恥下問, 是以謂之文也."
민 이 호 학　불 치 하 문　시 이 위 지 문 야

5-15
자산의 도

공자께서 자산정나라 대부에 대해 말씀하셨다.

"그에게는 군자의 도가 네 가지 있었다. 몸가짐이 공손하며,
윗사람을 섬길 때는 공경하고, 백성을 기를 때는 은혜를 베
풀었으며, 백성을 부릴 때는 의로웠다."

子謂子産, "有君子之道四焉 : 其行己也恭,
자 위 자 산　유 군 자 지 도 사 언　기 행 기 야 공
其事上也敬, 其養民也惠, 其使民也義."
기 사 상 야 경　기 양 민 야 혜　기 사 민 야 의

5-16
안평중의 사귐

공자께서 말씀하셨다.

"안평중_{제나라 대부}은 남과 사귀기를 잘한다. 오래되어도 그를

공경하는구나."

子曰：“晏平仲善與人交, 久而敬之.”
자 왈　안 평 중 선 여 인 교　구 이 경 지

5-17
장문중을 평하다

공자께서 말씀하셨다.

"장문중노나라 대부이 큰 거북껍질을 보관하는 집에 기둥머리
에는 산을 조각하고 동자기둥에는 마름풀을 그렸으니, 어찌
지혜롭다 하겠는가?"

子曰 : "臧文仲居蔡, 山節藻梲, 何如其知也?"
자 왈   장 문 중 거 채   산 절 조 절   하 여 기 지 야

5-18
영윤 자문을 평하다

자장이 물었다.

"영윤 자문_{초나라 대부}은 세 번 벼슬하여 영윤이 되었으나 기뻐하는 기색이 없었고, 세 번 벼슬을 그만두었으나 서운해하는 기색이 없었습니다. 이전 자신이 맡아보던 영윤의 업무를 반드시 새로 부임해 온 영윤에게 알려 주었습니다. 어떠합니까?"

공자께서 말씀하셨다. "성실하다."

자장이 말했다. "인이라고 할 만합니까?"

공자께서 말씀하셨다.

"잘 모르겠지만, 어찌 인이라 하겠는가?"

"최자가 제나라 임금을 시해하자 진문자가 말 십 승^{40마리}을 소유하고 있었는데 이를 버리고 떠났습니다. 다른 나라에

이르러서 말하기를 '이 사람도 우리나라 대부 최자와 같다'
하고 떠났으며, 또 다른 나라에 이르러서 말하기를 '이 사람
도 우리나라 대부 최자와 같다' 하고 떠났습니다. 어떻습니
까?"

공자께서 말씀하셨다. "청렴하다."

자장이 말했다. "인이라고 할 만합니까?"

공자께서 말씀하셨다.

"잘 모르겠지만, 어찌 인이라 하겠는가?"

子張問曰 : "令尹子文三仕爲令尹, 無喜色 ;
자장문왈　　영윤자문삼사위영윤　무희색

三已之, 無慍色. 舊令尹之政, 必以告新令尹.
삼이지　무온색　구영윤지정　필이고신영윤

何如?" 子曰 : "忠矣." 曰 : "仁矣乎?" 曰 :
하여　　자왈　충의　왈　인의호　왈

"未知, 焉得仁?" "崔子弑齊君, 陳文子有馬十乘,
미지　언득인　최자시제군　진문자유마십승

棄而違之. 至於他邦, 則曰 : '猶吾大夫崔子也.'
기이위지　지어타방　즉왈　유오대부최자야

違之. 之一邦, 則又曰 : '猶吾大夫崔子也.' 違之.
위지　지일방　즉우왈　유오대부최자야　위지

何如?" 子曰 : "淸矣." 曰 : "仁矣乎?" 曰 : "未知,
하여　　자왈　청의　왈　인의호　왈　미지

焉得仁?"
언득인

5-19
두 번이면 된다

계문자_{노나라 대부}가 세 번 생각한 후에야 행동했다.

공자께서 이 말을 듣고 말씀하셨다.

"두 번이면 된다."

季文子三思而後行. 子聞之, 曰 : "再, 斯可矣."
계 문 자 삼 사 이 후 행 자 문 지 왈   재 사 가 의

5-20
영무자의 지와 우

공자께서 말씀하셨다.

"영무자위나라 대부는 나라에 도가 있을 때는 지혜로웠고, 나라에 도가 없을 때는 우직했다. 그 지혜는 따라갈 수 있으나 그 우직함은 따라갈 수 없다."

子曰 : "甯武子邦有道則知, 邦無道則愚,
자 왈　　영무자방유도즉지　방무도즉우

其知可及也, 其愚不可及也."
기 지 가 급 야　기 우 불 가 급 야

5-21
노나라에 있는 제자들

공자께서 진나라에 계시면서 말씀하셨다.

"돌아가리라! 돌아가리라! 노나라에 있는 제자들은 뜻은 크
나 일에는 서투르다. 찬란하게 문장은 이루었지만 그것을
마름질할 줄 모르는구나."

子在陳曰 : "歸與! 歸與! 吾黨之小子狂簡,
자 재 진 왈   귀 여   귀 여   오 당 지 소 자 광 간

斐然成章, 不知所以裁之."
비 연 성 장   부 지 소 이 재 지

5-22
백이와 숙제

공자께서 말씀하셨다.

"백이와 숙제*는 사람들이 지난날에 저지른 악행을 염두에
두지 않았다. 이 때문에 원망하는 사람이 드물었다."

子曰 : "伯夷·叔齊不念舊惡, 怨是用希."
자 왈   백 이 숙 제 불 념 구 악   원 시 용 희

---

* 은나라 고죽군(孤竹君)의 두 아들로 백이가 형이고 숙제가 동생이다. 무왕이 은나라를 치
자 부당하다고 충고했고, 무왕이 천하를 얻자 주나라의 곡식을 먹는 것을 부끄럽게 여겨
수양산(首陽山)으로 도망을 가서 고사리를 캐 먹고 살다가 굶어 죽었다.

5-23
미생고의 정직함

공자께서 말씀하셨다.

"누가 미생고를 정직하다고 하는가? 어떤 사람이 식초를 빌리려 하자 이웃에서 빌려다 주었다."

子曰 : "孰謂微生高直? 或乞醯焉,
자왈   숙위미생고직   혹걸혜언

乞諸其鄰而與之."
걸저기린이여지

5-24
좌구명의 부끄러움

공자께서 말씀하셨다.

"말을 교묘하게 하고 얼굴빛을 꾸미고 지나치게 공손한 것
을 좌구명노나라 태사이 부끄러워했다. 나 또한 이를 부끄러워
한다. 원망을 감추고 그 사람과 사귀는 것을 좌구명이 부끄
러워했다. 나 또한 이를 부끄러워한다."

子曰 : "巧言·令色·足恭, 左丘明恥之, 丘亦恥之.
자왈　　교언 영색 주공 좌구명치지　구역치지
匿怨而友其人, 左丘明恥之, 丘亦恥之."
익원이우기인 좌구명치지　구역치지

5-25
제자들의 뜻을 듣다

안연과 계로^{자로}가 공자를 모시고 있었다. 공자께서 말씀하셨다.

"각기 너희의 뜻을 말해 보지 않겠느냐?"

자로가 말했다.

"수레와 말을 타고 가벼운 가죽 옷 입는 것을 친구들과 함께 하다가 닳더라도 유감이 없기를 바랍니다."

안연이 말했다.

"자신이 잘하는 것을 자랑하지 않으며, 공로를 과시하지 않기를 바랍니다."

자로가 말했다.

"선생님의 뜻을 듣고 싶습니다."

공자께서 말씀하셨다.

"나이 든 사람을 편안하게 해주고, 친구들에게 신의가 있으
며 젊은이를 감싸 주는 것이다."

顔淵·季路侍. 子曰 : "盍各言爾志?" 子路曰 :
안 연 계 로 시   자 왈   합 각 언 이 지   자 로 왈

"願車馬·衣輕裘, 與朋友共. 敝之而無憾." 顔淵曰 :
원 거 마 의 경 구   여 붕 우 공   폐 지 이 무 감   안 연 왈

"願無伐善, 無施勞." 子路曰 : "願聞子之志." 子曰 :
원 무 벌 선, 무 시 로   자 로 왈   원 문 자 지 지   자 왈

"老者安之, 朋友信之, 少者懷之."
노 자 안 지   붕 우 신 지   소 자 회 지

5-26
자신의 허물

공자께서 말씀하셨다.

"어쩔 수 없구나. 나는 아직 자신의 잘못을 보고서 안으로
자책하는 사람을 보지 못했다."

子曰 : "已矣乎! 吾未見能見其過而內自訟者也."
자 왈　　이 의 호　　오 미 견 능 견 기 과 이 내 자 송 자 야

5-27
나는 호학자다

공자께서 말씀하셨다.

"열 가구의 작은 읍에도 반드시 나처럼 성실하고 신의가 있
는 사람은 있지만, 나만큼 배우기를 좋아하지는 못할 것이
다."

子曰 : "十室之邑, 必有忠信如丘者焉,
자 왈   십 실 지 읍 필 유 충 신 여 구 자 언

不如丘之好學也."
불 여 구 지 호 학 야

논어

6편

옹야(雍也)

6-1
임금의 자리에 앉을 만한 중궁

공자께서 말씀하셨다.

"옹^{중궁}은 임금으로 삼을 만하다."

중궁이 자상백자*에 대해 물었다. 공자께서 말씀하셨다.

"그런대로 괜찮지만, 간략하다."

중궁이 말했다.

"몸가짐은 경건히 하고 행동은 간략히 하여 백성을 대한다면 괜찮지 않습니까? 몸가짐도 간략하고 행동도 간략하면 지나치게 간략한 것이 아니겠습니까?"

공자께서 말씀하셨다.

"옹의 말이 옳다."

---

* 누군지 불분명하다. 『장자』의 자상호(子桑戶)라기도 하고 진(秦)나라 목공(穆公) 때의 대부 자상(子桑)인 공손지(公孫枝)라고 하기도 한다.

子曰 : "雍也可使南面." 仲弓問子桑伯子,
자왈   옹야가사남면   중궁문자상백자

子曰 : "可也簡." 仲弓曰 : "居敬而行簡, 以臨其民,
자왈   가야간   중궁왈   거경이행간 이림기민

不亦可乎? 居簡而行簡, 無乃大簡乎?" 子曰 :
불역가호   거간이행간 무내태간호   자왈

"雍之言然."
옹지언연

6-2
호학자 안회

애공이 물었다.

"제자 중에 누가 배움을 좋아합니까?"

공자께서 대답하셨다.

"안회가 배움을 좋아하여 노여움을 남에게 옮기지 않았으며, 잘못을 되풀이하지 않았습니다. 불행히도 명이 짧아 죽었습니다. 지금은 없으니, 아직 배움을 좋아하는 사람에 대해 듣지 못했습니다."

哀公問 : "弟子孰爲好學?" 孔子對曰 :
애 공 문　　　제 자 숙 위 호 학　　　공 자 대 왈

"有顔回者好學, 不遷怒, 不貳過. 不幸短命死矣!
유 안 회 자 호 학　불 천 노　불 이 과　불 행 단 명 사 의

今也則亡, 未聞好學者也."
금 야 즉 무　미 문 호 학 자 야

6-3
부유함은 보태지 않는다

자화^{공서적}가 제나라에 사신으로 갈 때 염자^{염구}가 그의 어머니를 위해 곡식을 주자고 청했다.

공자께서 말씀하셨다.

"여섯 말 넉 되를 주어라."

염자가 더 줄 것을 청했다. 공자께서 말씀하셨다.

"열여섯 말을 주어라"

그런데 염자가 팔십 가마를 주었다.

공자께서 말씀하셨다.

"적이 제나라에 갈 때 살진 말을 타고 가벼운 가죽옷을 입었다. 내가 들으니 군자는 곤궁한 사람을 돌보고 부유한 사람에게 보태 주지 않는다고 하였다."

원사^{원헌}가 공자의 가신이 되었을 때 곡식 구백을 주자 사양하였다.

공자께서 말씀하셨다.

"사양하지 마라! 너의 이웃과 마을에 나누어 주어라!"

子華使於齊, 冉子爲其母請粟. 子曰：
자 화 시 어 제 염 자 위 기 모 청 속 자 왈

"與之釜." 請益. 曰："與之庾." 冉子與之粟五秉.
여 지 부 청 익 왈 여 지 유 염 자 여 지 속 오 병

子曰："赤之適齊也, 乘肥馬, 衣輕裘. 吾聞之也,
자 왈 적 지 적 제 야 승 비 마 의 경 구 오 문 지 야

君子周急不繼富."
군 자 주 급 불 계 부

原思爲之宰, 與之粟九百, 辭. 子曰："毋!
원 사 위 지 재 여 지 속 구 백 사 자 왈 무

以與爾鄰里鄕黨乎!"
이 여 이 린 리 향 당 호

6-4
얼룩소의 새끼라도

공자께서 중궁에 대해 말씀하셨다.

"얼룩소의 새끼가 색깔이 붉고 또 뿔이 제대로 났다면 비록 희생으로 쓰지 않으려 해도 산천의 신이 어찌 그것을 버리겠는가."

子謂仲弓曰 : "犁牛之子騂且角, 雖欲勿用,
자 위 중 궁 왈   이 우 지 자 성 차 각   수 욕 물 용

山川其舍諸?"
산 천 기 사 저

6-5
삼 개월 동안 인한 안회

공자께서 말씀하셨다.

"회는 그 마음이 삼 개월 동안 인을 떠나지 않았다. 그 나머지 사람은 하루에 한 번, 한 달에 한 번 이를 뿐이다."

子曰 : "回也, 其心三月不違仁,
자 왈   회 야   기 심 삼 월 불 위 인

其餘則日月至焉而已矣."
기 여 즉 일 월 지 언 이 이 의

6-6
계강자의 물음

계강자가 물었다.

"중유_{자로}는 대부를 시킬 만합니까?"

공자께서 말씀하셨다.

"유는 과단성이 있으니 대부를 시키는 데 무슨 어려움이 있
겠습니까?"

계강자가 말했다.

"사_{자공}는 대부를 시킬 만합니까?"

"사는 사리에 통달했으니 대부를 시키는 데 무슨 어려움이
있겠습니까?"

"구_{염유}는 대부를 시킬 만합니까?"

"구는 다재다능하니 대부를 시키는 데 무슨 어려움이 있겠
습니까?"

季康子問:"仲由可使從政也與?"子曰:"由也果,
계강자문　중유가사종정야여　자왈　유야과

於從政乎何有?"曰:"賜也, 可使從政也與?"
어종정호하유　왈　사야　가사종정야여

曰:"賜也達, 於從政乎何有?"曰:"求也,
왈　사야달　어종정호하유　왈　구야

可使從政也與?"曰:"求也藝, 於從政乎何有?"
가사종정야여　왈　구야예　어종정호하유

6-7
읍재를 사양한 민자건

계씨가 민자건을 비 땅의 읍재로 삼으려 했다. 민자건이 심부름 온 사람에게 말했다.

"나를 위해 말을 잘해 주십시오. 만일 나를 다시 부르러 온다면 나는 반드시 제나라로 가는 나루터인 문수 가에 있을 것입니다."

季氏使閔子騫爲費宰. 閔子騫曰 : "善爲我辭焉.
계 씨 사 민 자 건 위 비 재　민 자 건 왈　　선 위 아 사 언
如有復我者, 則吾必在汶上矣."
여 유 부 아 자　즉 오 필 재 문 상 의

6-8
백우의 병

백우^{염경}가 병이 심해지자, 공자께서 문병을 가셨다. 남쪽 창
에서 그의 손을 잡고 말씀하셨다.
"이런 병에 걸릴 리가 없는데 천명인가 보다! 이런 사람이
이런 병에 걸리다니! 이런 사람이 이런 병에 걸리다니!"

伯牛有疾, 子問之, 自牖執其手, 曰 : "亡之,
백 우 유 질　자 문 지　자 유 집 기 수　왈　　무 지,

命矣夫! 斯人也而有斯疾也! 斯人也而有斯疾也!"
명 의 부　사 인 야 이 유 사 질 야　사 인 야 이 유 사 질 야

6-9
한 그릇의 밥과 한 바가지의 물

공자께서 말씀하셨다.

"현명하구나, 회여! 한 그릇의 밥과 한 바가지의 물로 누추한 거리에 사는 것을, 다른 사람은 그 근심을 감당하지 못하는데 회는 그 즐거움을 바꾸지 않는구나. 현명하구나, 회여!"

子曰 : "賢哉, 回也! 一簞食, 一瓢飮, 在陋巷.
자왈   현재 회야 일단사 일표음 재누항
人不堪其憂, 回也不改其樂. 賢哉, 回也!"
인불감기우 회야불개기락 현재 회야

6-10
힘이 부족한 자

염구가 말했다.

"저는 선생님의 도를 좋아하지 않는 것은 아니나, 힘이 부족합니다."

공자께서 말씀하셨다.

"힘이 부족한 자는 중도에 그만두는데, 지금 너는 미리 금을 긋는 것이다."

冉求曰：“非不說子之道, 力不足也.” 子曰：
염구왈　　비불열자지도　역부족야　　자왈
“力不足者, 中道而廢. 今女畫”.
역부족자　중도이폐　금여획

6-11
군자다운 선비

공자께서 자하에게 말씀하셨다.

"너는 군자다운 선비가 되고, 소인 같은 선비는 되지 마라."

子謂子夏曰 : "女爲君子儒, 無爲小人儒."
자 위 자 하 왈   여 위 군 자 유 무 위 소 인 유

6-12
담대멸명의 공사 구분

자유가 무성 땅의 읍재가 되었다. 공자께서 말씀하셨다.

"너는 여기에서 사람을 얻었느냐?"

자유가 대답했다.

"담대멸명이라는 사람이 있습니다. 다닐 때 지름길로 다니지 않고 공적인 일이 아니면 저의 집에 온 적이 없습니다."

子游爲武城宰. 子曰 : "女得人焉爾乎?"
자유위무성재　자왈　　여득인언이호

曰 : "有澹臺滅明者, 行不由徑. 非工事,
왈　　유담대멸명자　행불유경　비공사

未嘗至於偃之室也."
미상지어언지실야

6-13
자랑하지 않는 맹지반

공자께서 말씀하셨다.

"맹지반노나라 대부은 공을 자랑하지 않았다. 패하여 후퇴할 때 후미를 지켰는데, 도성 문을 들어올 때 말을 채찍질하며 말했다. '내가 감히 뒤에 있었던 것이 아니고, 말이 빨리 나아가지 않은 것이다'."

子曰 : "孟之反不伐, 奔而殿. 將入門, 策其馬, 曰 :
자 왈　　맹지반불벌　분이전　장입문　책기마　왈
'非敢後也, 馬不進也'."
비 감 후 야　 마 부 진 야

6-14
축타와 송조

공자께서 말씀하셨다.

"축타위나라 대부의 말재주와 송조송나라 공자의 잘생김이 없으면

지금 세상에서 환난을 면하기 어렵다."

子曰：“不有祝鮀之佞而有宋朝之美,
자왈　　불유축타지녕이유송조지미

難乎免於今之世矣!”
난호면어금지세의

6-15
도의 출입

공자께서 말씀하셨다.

"누가 나갈 때 문을 거치지 않는가? 어찌하여 이 도를 행하지 않는가?"

子曰 : "誰能出不由戶? 何莫由斯道也?"
자 왈   수 능 출 불 유 호   하 막 유 사 도 야

6-16

바탕과 꾸밈

공자께서 말씀하셨다.

"바탕이 꾸밈을 넘으면 거칠고, 꾸밈이 바탕을 넘으면 겉치

레다. 꾸밈과 바탕이 잘 어우러진 후에야 군자다."

子曰 : "質勝文則野, 文勝質則史. 文質彬彬,
자왈   질 승 문 즉 야   문 승 질 즉 사   문 질 빈 빈

然後君子."
연 후 군 자

6-17
살아가는 이치

공자께서 말씀하셨다.

"사람이 살아가는 이치는 정직이다. 속이면서 사는 것은 요

행히 죽음을 면한 것이다."

子曰 : "人之生也直, 罔之生也幸而免."
자 왈　　인 지 생 야 직　망 지 생 야 행 이 면

6-18
즐거워하는 사람만 못하다

공자께서 말씀하셨다.

"아는 사람은 좋아하는 사람만 못하고 좋아하는 사람은 즐거워하는 사람만 못하다."

子曰 : "知之者不如好之者, 好之者不如樂之者."
자 왈   지 지 자 불 여 호 지 자   호 지 자 불 여 락 지 자

6-19
중인 이상, 중인 이하

공자께서 말씀하셨다.

"중인 이상에게는 심오한 이치를 말해 줄 수 있으나, 중인
이하에게는 심오한 이치를 말해 줄 수 없다."

子曰 : "中人以上, 可以語上也 ; 中人以下,
자 왈　　중 인 이 상　가 이 어 상 야　　중 인 이 하

不可以語上也."
불 가 이 어 상 야

6-20
번지가 지와 인을 묻다

번지가 지에 대해 물었다. 공자께서 말씀하셨다.

"지혜로운 사람은 백성의 도리에 힘쓰고 귀신을 공경하되
멀리한다. 이렇게 한다면 지라고 할 수 있다."

다시 인에 대해 물었다. 공자께서 말씀하셨다.

"어진 사람은 어려운 일을 먼저하고, 얻는 것을 나중에 한
다. 이렇게 한다면 인이라고 할 수 있다."

樊遲問知. 子曰 : "務民之義, 敬鬼神而遠之,
번지문지 자왈   무민지의 경귀신이원지

可謂知矣." 問仁. 曰 : "仁者先難而後獲,
가위지의   문인 왈   인자선난이후획

可謂仁矣."
가위인의

6-21
요산요수

공자께서 말씀하셨다.

"지혜로운 사람은 물을 좋아하고 어진 사람은 산을 좋아한다. 지혜로운 사람은 활달하고 어진 사람은 고요하며, 지혜로운 사람은 즐거워하고 어진 사람은 오래 산다."

子曰 : "知者樂水, 仁者樂山 ; 知者動, 仁者靜 ;
자왈　　지자요수　인자요산　　지자동　인자정

知者樂, 仁者壽."
지자락　인자수

6-22
제나라가 변하면

공자께서 말씀하셨다.

"제나라가 한 번 변하면 노나라에 이르고, 노나라가 한 번
변하면 선왕의 도에 이를 것이다."

子曰 : "齊一變, 至於魯 ; 魯一變, 至於道."
자 왈   제 일 변   지 어 노   노 일 변   지 어 도

6-23
모난 술그릇

공자께서 말씀하셨다.

"모난 술그릇이 모나지 않으면 모난 술그릇이라고 할 수 있
겠는가! 모난 술그릇이라고 할 수 있겠는가!"

子曰 : "觚不觚, 觚哉! 觚哉!"
자 왈　　고 불 고　고 재　　고 재

6-24
군자는 속일 수 없다

재아가 물었다.

"어진 사람은 누군가가 '사람이 우물에 빠졌다'고 하면 쫓아서 우물에 들어갑니까?"

공자께서 말씀하셨다.

"어찌 그렇게 하겠는가? 군자를 우물에 가게 할 수는 있으나 빠지게 할 수는 없다. 그럴 듯한 말로 속일 수는 있으나 터무니없는 말로 속일 수는 없다."

宰我問曰 : "仁者, 雖告之曰 : '井有仁焉.'
재아문왈   인자   수고지왈   정유인언

其從之也?" 子曰 : "何爲其然也? 君子可逝也,
기종지야   자왈   하위기연야   군자가서야

不可陷也 ; 可欺也, 不可罔也."
불가함야   가기야   불가망야

6-25
학문을 널리 배우고

공자께서 말씀하셨다.

"군자가 학문을 널리 배우고 예로써 요약한다면, 또한 도리

에 어긋나지 않을 것이다!"

子曰 : "君子博學於文, 約之以禮,
자 왈　　　군 자 박 학 어 문　약 지 이 례

亦可以不畔矣夫!"
역 가 이 불 반 의 부

6-26
공자, 남자를 만나다

공자께서 남자^{위영공의 부인}를 만나자, 자로가 기뻐하지 않았다. 공자께서 맹세하며 말씀하셨다.

"내가 잘못된 짓을 했다면 하늘이 나를 싫어할 것이다! 하늘이 나를 싫어할 것이다!"

子見南子, 子路不說. 夫子矢之曰 : "予所否者,
자 견 남 자   자 로 불 열   부 자 시 지 왈   여 소 부 자
天厭之! 天厭之!"
천 염 지   천 염 지

6-27
중용의 덕

공자께서 말씀하셨다.

"중용의 덕이 지극하구나! 이 덕을 가진 백성이 드물어진 지 오래되었다."

子曰 : "中庸之爲德也, 其至矣乎! 民鮮久矣."
자 왈   중 용 지 위 덕 야 기 지 의 호   민 선 구 의

6-28
가까운 데서 취하라

자공이 말했다.

"만일 백성에게 은혜를 널리 베풀어 많은 사람을 구제한다면 어떻겠습니까? 인이라 할 만합니까?"

공자께서 말씀하셨다.

"어찌 인하다고만 하겠는가? 반드시 성인일 것이다! 요임금과 순임금도 오히려 미치지 못할까 근심하셨다! 어진 사람은 자신이 서고자 하는 것으로 남도 서게 하고, 자신이 통달하고자 하는 것으로 남도 통달하게 한다. 가까이 자신에게서 취하여 남을 헤아린다면 인을 하는 방법이라고 할 만하다."

子貢曰 : "如有博施於民而能濟衆,
자 공 왈   여 유 박 시 어 민 이 능 제 중

何如? 可謂仁乎?" 子曰 : "何事於仁?
하여　가위인호　　자왈　　하사어인

必也聖乎! 堯舜其猶病諸! 夫仁者, 己欲立而立人,
필야성호　요순기유병저　부인자　기욕립이립인

己欲達而達人. 能近取譬, 可謂仁之方也已."
기욕달이달인　능근취비　가위인지방야이

논어

7편

술이(述而)

7-1
술이부작

공자께서 말씀하셨다.

"나는 전하기만 하고 창작하지 않으며 옛것을 믿고 좋아하면서, 속으로 노팽과 견주어 본다."

子曰 : "述而不作, 信而好古, 竊比於我老彭."
자왈　술이부작　신이호고　절비어아노팽

7-2
묵묵히 기억하고

공자께서 말씀하셨다.

"묵묵히 그것을 기억하고, 배우기를 싫증내지 않으며, 사람 가르치기를 게을리 하지 않는 것, 어찌 나에게 어려움이 있겠는가?"

子曰 : "黙而識之, 學而不厭, 誨人不倦,
자왈　　묵 이 지 지　학 이 불 염　회 인 불 권
何有於我哉?"
하 유 어 아 재

7-3
공자의 근심

공자께서 말씀하셨다.

"덕을 닦지 못하고 배운 것을 익히지 못하며, 의를 듣고 실천하지 못하고 선하지 않은 일을 고치지 못하는 것이 바로 나의 근심이다."

子曰 : "德之不修, 學之不講, 聞義不能徙,
자왈   덕지불수 학지불강 문의불능사

不善不能改, 是吾憂也."
불선불능개 시오우야

7-4
한가로울 때

공자께서 한가로이 계실 때는 몸을 편안히 하시고 얼굴을
온화하게 하셨다.

子之燕居, 申申如也, 夭夭如也.
자 지 연 거   신 신 여 야   요 요 여 야

7-5
꿈속의 주공

공자께서 말씀하셨다.

"심하도다, 나의 쇠함이여! 오래되었구나, 내 다시 꿈속에서

주공을 뵙지 못한 것이."

子曰 : "甚矣吾衰也! 久矣吾不復夢見周公."
자 왈　　심 의 오 쇠 야　구 의 오 불 부 몽 견 주 공

7-6
도·덕·인·예

공자께서 말씀하셨다.

"도에 뜻을 두고 덕을 굳게 지키며, 인을 따르고, 예에서 노 닐어야 한다."

子曰 : "志於道, 據於德, 依於仁, 游於藝."
자왈　　지어도　거어덕　의어인　유어예

7-7
공자에게 배우려면

공자께서 말씀하셨다.

"마른 고기 한 묶음 이상을 가지고 오는 사람이면 나는 일찍이 가르치지 않은 적이 없다."

子曰 : "自行束脩以上, 吾未嘗無誨焉."
자 왈　　자 행 속 수 이 상　오 미 상 무 회 언

7-8
한 귀퉁이를 들어 주면

공자께서 말씀하셨다.

"분발하지 않으면 열어 주지 않고 애태우지 않으면 말해 주
지 않는다. 한 귀퉁이를 들어 주었는데 남은 세 귀퉁이를 헤
아리지 않으면 다시 일러 주지 않는다."

子曰 : "不憤不啓, 不悱不發, 擧一隅不以三隅反,
자 왈   불 분 불 계   불 비 불 발   거 일 우 불 이 삼 우 반
則不復也."
즉 불 부 야

7-9
상을 당한 사람 곁에서는

공자께서는 상을 당한 사람 곁에서 음식을 드실 때, 일찍이 배불리 드신 적이 없으셨다. 공자께서는 그런 날에는 곡을 하시고 노래 부르지 않으셨다.

子食於有喪者之側, 未嘗飽也. 子於是日哭,
자 식 어 유 상 자 지 측   미 상 포 야   자 어 시 일 곡

則不歌.
즉 불 가

7-10
안연과 자로

공자께서 안연에게 일러 말씀하셨다.

"등용되면 도를 행하고 물러나면 숨는 것은 오직 나와 너만이 할 수 있다."

자로가 말했다.

"선생님께서 삼군을 통솔하신다면 누구와 함께하시겠습니까?"

공자께서 말씀하셨다.

"맨손으로 호랑이를 잡고, 걸어서 황하를 건너다가 죽더라도 후회하지 않는 사람과 나는 함께하지 않을 것이다. 반드시 일을 맡으면 두려워하고 도모하기를 잘하여 성공하는 사람과 함께할 것이다."

子謂顏淵曰 : "用之則行, 舍之則藏,
자 위 안 연 왈　　　용 지 즉 행　사 지 즉 장

唯我與爾有是夫!"
유 아 여 이 유 시 부

子路曰 : "子行三軍, 則誰與?"
자 로 왈　　　자 행 삼 군　즉 수 여

子曰 : "暴虎馮河, 死而無悔者, 吾不與也.
자 왈　　포 호 빙 하　사 이 무 회 자　오 불 여 야

必也臨事而懼, 好謀而成者也."
필 야 임 사 이 구　호 모 이 성 자 야

7-11
내가 좋아하는 일

공자께서 말씀하셨다.

"부유함을 구할 수 있다면 채찍을 잡는 마부라도 나는 또한 되겠다. 그러나 만일 구할 수 없다면 내가 좋아하는 일을 하겠다."

子曰 : "富而可求也, 雖執鞭之士, 吾亦爲之.
자 왈   부 이 가 구 야   수 집 편 지 사   오 역 위 지
如不可求, 從吾所好."
여 불 가 구   종 오 소 호

7-12
공자가 삼간 것

공자께서 삼가신 것은 제사와 전쟁과 질병이다.

子之所愼 齊, 戰, 疾.
자 지 소 신 재 전 질

7-13
제나라의 음악

공자께서 제나라에 계실 때 소순임금의 음악를 듣고 석 달 동안
고기 맛을 모르셨다. 그리고 말씀하셨다. "음악이 이 경지에
이를 줄은 몰랐다!"

子在齊聞韶, 三月不知肉味.
자 재 제 문 소   삼 월 부 지 육 미
曰 : "不圖爲樂之至於斯也!"
왈   부 도 위 악 지 지 어 사 야

7-14
인은 원망이 없다

염유가 말했다.

"선생님께서 위나라 임금을 도우실까?"*

자공이 말했다.

"글쎄, 내가 이제 물어보겠다."

자공이 들어가 공자께 물었다.

"백이와 숙제는 어떤 사람입니까?"

공자께서 말씀하셨다.

"옛날의 현인이시다."

"원망했을까요?"

* 위나라 영공이 세자인 괴외를 내쫓았는데, 영공이 죽자 괴외의 아들인 첩(출공)이 왕위에
올랐다. 진(晉)나라에 머물고 있던 괴외가 이 소식을 듣고 위나라로 몰래 들어와 아들인
첩과 왕위 다툼을 벌였다. 괴외는 위나라 대부인 공회와 함께 난을 일으켜 아들을 몰아내
고 장공이 되었다. 자로가 공회의 난이 일어났을 때 죽임을 당했다.

"인을 구하여 인을 얻었으니 또 무엇을 원망했겠는가."

자공이 나와서 말했다.

"선생님께서는 돕지 않으실 것이다."

冉有曰：“夫子爲衛君乎?” 子貢曰：
염유왈　　부자위위군호　　자공왈

“諾. 吾將問之.” 入, 曰：“伯夷·叔齊何人也?” 曰
낙　오장문지　입왈　　백이　숙제하인야　　왈

：“古之賢人也.” 曰：“怨乎?” 曰：“求仁而得仁,
고지현인야　왈　원호　왈　구인이득인

又何怨.” 出, 曰：“夫子不爲也.”
우하원　출왈　　부자불위야

7-15
부귀는 뜬구름과 같다

공자께서 말씀하셨다.

"거친 밥을 먹고 물을 마시며, 팔을 굽혀 베더라도 즐거움이
또한 그 가운데 있다. 의롭지 않은 부유함과 귀함은 나에게
있어 뜬구름과 같다."

子曰 : "飯疏食飲水, 曲肱而枕之, 樂亦在其中矣.
자 왈   반 소 사 음 수 곡 굉 이 침 지   낙 역 재 기 중 의
不義而富且貴, 於我如浮雲."
불 의 이 부 차 귀   어 아 여 부 운

7-16
공자, 주역을 배우다

공자께서 말씀하셨다.

"나에게 몇 년의 수명이 더 주어져 오십에 『주역』을 배울 수

있다면 큰 잘못은 하지 않을 수 있을 텐데."

子曰 : "加我數年, 五十以學易, 可以無大過矣."
자 왈   가 아 수 년   오 십 이 학 역   가 이 무 대 과 의

7-17
평소의 말씀

공자께서 평소에 늘 하신 말씀은 『시』와 『서』, 예를 지키는 것이었다. 이것이 평소에 늘 하신 말씀이셨다.

子所雅言, 詩, 書, 執禮, 皆雅言也.
자 소 아 언 시 서 집 례 개 아 언 야

7-18
스스로를 평하다

섭공이 자로에게 공자에 대해 물었는데 자로가 대답하지 못
했다.

공자께서 말씀하셨다.

"너는 어찌 그 사람됨이, 분발하여 먹는 것도 잊고, 즐거워
하여 근심도 잊어 늙음이 장차 닥쳐오는 줄도 모른다라고
말하지 않았느냐."

葉公問孔子於子路, 子路不對.
섭 공 문 공 자 어 자 로   자 로 부 대
子曰 : "女奚不曰, 其爲人也, 發憤忘食, 樂以忘憂,
자 왈   여 해 불 왈   기 위 인 야   발 분 망 식   낙 이 망 우
不知老之將至云爾."
부 지 로 지 장 지 운 이

7-19
나면서부터 아는 사람이 아니다

공자께서 말씀하셨다.

"나는 나면서부터 아는 사람이 아니라 옛것을 좋아하여 부지런히 구하는 사람이다."

子曰 : "我非生而知之者, 好古, 敏以求之者也."
자 왈   아 비 생 이 지 지 자 호 고 민 이 구 지 자 야

7-20
괴력난신

공자께서는 괴이한 것, 힘쓰는 것, 어지럽히는 것, 신이한 것
은 말씀하지 않으셨다.

子不語怪, 力, 亂, 神.
자 불 어 괴 력   난   신

7-21
세 사람이 가면

공자께서 말씀하셨다.

"세 사람이 길을 가면 반드시 나의 스승이 있다. 그중에 선
한 사람을 가려서 따르고, 선하지 않은 사람을 가려서 나의
잘못을 고쳐야 한다."

子曰 : "三人行, 必有我師焉. 擇其善者而從之,
자 왈   삼 인 행 필 유 아 사 언   택 기 선 자 이 종 지
其不善者而改之."
기 불 선 자 이 개 지

7-22
환퇴가 어찌하겠는가

공자께서 말씀하셨다.

"하늘이 나에게 덕을 주셨으니, 환퇴^{송나라 대부}가 나를 어찌하겠는가?"

子曰 : "天生德於予, 桓魋其如予何?"
자 왈　　천 생 덕 어 여　환 퇴 기 여 여 하

7-23
나는 숨기는 것이 없다

공자께서 말씀하셨다.

"그대들은 내가 숨기는 것이 있다고 생각하는가? 나는 숨기는 것이 없다. 내가 행하고서 그대들과 같이 하지 않는 것이 없다. 이것이 바로 나다."

子曰 : "二三子以我爲隱乎? 吾無隱乎爾.
자 왈   이 삼 자 이 아 위 은 호   오 무 은 호 이

吾無行而不與二三子者, 是丘也."
오 무 행 이 불 여 이 삼 자 자   시 구 야

7-24
공자가 가르친 것

공자께서는 네 가지를 가르치셨으니 학문, 수행, 성실함, 신의다.

子以四敎 : 文, 行, 忠, 信.
자 이 사 교　문 행 충 신

7-25
항심이 있는 자

공자께서 말씀하셨다.

"성인을 내가 만나 볼 수 없다면 군자라도 만날 수 있으면 좋겠다."

공자께서 말씀하셨다.

"선인을 내가 만나 볼 수 없으니 항심이 있는 사람이라도 만날 수 있으면 좋겠다. 없으면서 있는 체하고 비었으면서 가득한 체하며 적으면서 많은 체하면 항심이 있기 어려울 것이다."

子曰 : "聖人, 吾不得而見之矣 ; 得見君子者,
자 왈   성 인 오 부 득 이 견 지 의   득 견 군 자 자
斯可矣."
사 가 의

子曰 : "善人, 吾不得而見之矣 ; 得見有恒者,
자왈　선인　오부득이견지의　득견유항자

斯可矣. 亡而爲有, 虛而爲盈, 約而爲泰,
사가의　무이위유　허이위영　약이위태

難乎有恒矣."
난호유항의

7-26
낚시질과 그물질

공자께서는 낚시질은 하시되 그물질은 하지 않으시며, 주살
로 쏘았지만 잠자는 새는 맞히지 않으셨다.

子釣而不綱, 弋不射宿.
자 조 이 불 강   익 불 석 숙

7-27
아는 것의 다음

공자께서 말씀하셨다.

"알지 못하면서 행동하는 사람이 있겠지만, 나는 이러한 일이 없다. 많이 듣고 그중에 좋은 것을 가려서 따르며, 많이 보고 기억하는 것, 이것이 아는 것의 다음 단계이다."

子曰 : "蓋有不知而作之者, 我無是也.
자왈　개유부지이작지자　아무시야

多聞擇其善者而從之, 多見而識之, 知之次也."
다문택기선자이종지　다견이지지　지지차야

7-28
호향의 동자

호향 사람과는 더불어 말하기 어려웠다, 동자가 공자를 찾아와 뵈니, 문인들이 의아해했다.

공자께서 말씀하셨다.

"사람이 자신을 깨끗이 하고서 찾아오면 그 깨끗함을 받아들이고, 그 지난날의 잘못은 따지지 않는다. 그가 찾아오면 받아들이고, 물러나 잘못하는 것을 받아들이는 것은 아니니, 어찌 그리 심하게 하는가!"*

互鄉難與言, 童子見, 門人惑. 子曰 : "與其進也,
호 향 난 여 언   동 자 현   문 인 혹   자 왈   여 기 진 야

---

* 『주자집주』를 참조하여 '人潔己以進, 與其潔也, 不保其往也'와 '與其進也, 不與其退也, 唯何
甚'의 해석의 순서를 바꾸었다.

不與其退也, 唯何甚! 人潔己以進, 與其潔也,
불 여 기 퇴 야　유 하 심　인 결 기 이 진　여 기 결 야

不保其往也."
불 보 기 왕 야

7-29
인은 멀지 않다

공자께서 말씀하셨다.

"인이 멀리 있는가? 내가 인하고자 하면 인이 이를 것이다."

子曰 : "仁遠乎哉? 我欲仁, 斯仁至矣."
자 왈　　인 원 호 재　　아 욕 인　 사 인 지 의

7-30
진나라 사패가 묻다

진나라 사패가 물었다.

"소공께서는 예를 아십니까?"

공자께서 말씀하셨다.

"예를 아십니다."

공자께서 물러가시자 사패가 무마기에게 읍하고 나와서 말했다.

"내가 들으니 군자는 편을 가르지 않는다 하였는데 군자도 편을 가릅니까? 임금이 오나라 여인에게 장가드셔서 동성이 되니, 그 부인을 오맹자라고 불렀습니다. 이런 임금이 예를 안다면 누가 예를 알지 못하겠습니까?"*

---

* 춘추시대 제후의 부인들은 모두 제후의 딸이어서 나라의 성을 따라 칭호를 붙였다. 강(姜)성인 제(齊)나라의 경우 문강, 성강, 송(宋)나라는 자(子)성을 따라 맹자, 중자로 칭했

무마기가 공자께 이를 아뢰었다. 공자께서 말씀하셨다.

"나는 다행이다. 만일 잘못이 있으면 남들이 반드시 아는구
나."

陳司敗問昭公知禮乎? 孔子曰:"知禮."
진 사 패 문 소 공 지 례 호   공 자 왈   지 례

孔子退, 揖巫馬期而進之, 曰:"吾聞君子不黨,
공 자 퇴 읍 무 마 기 이 진 지 왈   오 문 군 자 부 당

君子亦黨乎? 君取於吳爲同姓, 謂之吳孟子.
군 자 역 당 호   군 취 어 오 위 동 성 위 지 오 맹 자

君而知禮, 孰不知禮?"
군 이 지 례 숙 부 지 례

巫馬期以告. 子曰:"丘也幸, 苟有過, 人必知之."
무 마 기 이 고 자 왈   구 야 행 구 유 과 인 필 지 지

다. 따라서 오(吳)나라는 희(姬)성을 따라 끝에 희를 붙여야 하는데 노나라와 오나라 모두
희성이어서 소공이 부인을 마치 송나라 여자인 것처럼 속여서 오맹자라고 부른 것을 말
한다.

7-31
함께 노래 부를 때

공자는 다른 사람과 함께 노래를 부르다가 그가 잘하면 반
드시 다시 부르게 하고 그 뒤에 따라 부르셨다.

子與人歌而善, 必使反之, 而後和之.
자 여 인 가 이 선   필 사 반 지   이 후 화 지

7-32
공자가 얻지 못한 것

공자께서 말씀하셨다.

"학문은 아마도 내가 다른 사람과 비슷하지만, 군자의 도를
몸소 행하는 것은 내가 아직 부족하다."

子曰 : "文, 莫吾猶人也. 躬行君子, 則吾未之有得."
자왈　　문　막오유인야　궁행군자　즉오미지유득

7-33
제자들이 배울 수 없는 점

공자께서 말씀하셨다.

"만약 성과 인이라면 내 어찌 감히 나서겠는가? 그러나 그
것을 행하기를 싫증내지 않고, 남을 가르치기를 게을리하지
않는다고 말할 수 있을 뿐이다."

공서화가 말했다.

"바로 저희 제자들이 배울 수 없는 점입니다."

子曰 : "若聖與仁, 則吾豈敢? 抑爲之不厭,
자 왈   약 성 여 인 즉 오 기 감   억 위 지 불 염

誨人不倦, 則可謂云爾已矣." 公西華曰 :
회 인 불 권 즉 가 위 운 이 이 의   공 서 화 왈

"正唯弟子不能學也."
정 유 제 자 불 능 학 야

7-34
기도한 지 오래되었다

공자께서 병환이 위중하시자 자로가 기도할 것을 청했다.

공자께서 물었다.

"이런 일이 있는가?"

자로가 대답했다.

"있습니다. 애도문에 '너를 위해 천지신명께 기도하였다'라

고 하였습니다."

공자께서 말씀하셨다.

"그런 기도는 내가 한 지 오래되었다."

子疾病, 子路請禱. 子曰 : "有諸?" 子路對曰 :
자 질 병   자 로 청 도   자 왈   유 저   자 로 대 왈

"有之. 誄曰 : '禱爾于上下神祇'." 子曰 :
  유 지   뇌 왈   도 이 우 상 하 신 지   자 왈

"丘之禱久矣."
  구 지 도 구 의

7-35
고루한 것이 낫다

공자께서 말씀하셨다.

"사치하면 공손하지 않고 검소하면 고루하다. 공손하지 않
은 것보다는 차라리 고루한 것이 낫다."

子曰 : "奢則不孫, 儉則固. 與其不孫也, 寧固."
자왈   사즉불손 검즉고 여기불손야 영고

7-36
군자의 여유

공자께서 말씀하셨다.

"군자는 평탄하여 여유가 있고, 소인은 늘 근심한다."

子曰 : "君子坦蕩蕩, 小人長戚戚."
자 왈   군 자 탄 탕 탕   소 인 장 척 척

7-37
공자의 모습

공자께서는 온화하면서도 엄숙하시고, 위엄이 있으면서도 사납지 않으시며, 공손하면서도 편안하셨다.

子溫而厲, 威而不猛, 恭而安.
자 온 이 려 위 이 불 맹 공 이 안

논어

8편

태백(泰伯)

8-1
태백의 지극한 덕

공자께서 말씀하셨다.

"태백은 지극한 덕이라 이를 만하다! 세 번 천하를 사양했지
만 백성은 그 덕을 칭송할 수도 없었다."

子曰 : "泰伯, 其可謂至德也已矣! 三以天下讓,
자왈　　태백　기가위지덕야이의　삼이천하양

民無得而稱焉."
민무득이칭언

8-2
예가 없으면

공자께서 말씀하셨다.

"공손하지만 예가 없으면 수고롭고, 신중하지만 예가 없으면 두렵고, 용기 있지만 예가 없으면 어지럽히고, 정직하지만 예가 없으면 강요하게 된다. 군자가 부모에게 정성껏 하면 백성이 인에 감흥하고, 옛 친구를 버리지 않으면 백성이 야박해지지 않는다."

子曰 : "恭而無禮則勞, 愼而無禮則葸,
자 왈   공 이 무 례 즉 로   신 이 무 례 즉 시

勇而無禮則亂, 直而無禮則絞. 君子篤於親,
용 이 무 례 즉 란   직 이 무 례 즉 교   군 자 독 어 친

則民興於仁; 故舊不遺, 則民不偸."
즉 민 흥 어 인   고 구 불 유   즉 민 불 투

8-3
전전긍긍

증자가 병에 걸리자, 문하의 제자들을 불러 모아 놓고 말했다.

"이불을 걷고 내 발을 보아라! 내 손을 보아라! 『시경』에 이르기를 '전전긍긍하여 깊은 연못가에 선 듯이 하고 얇은 얼음을 밟는 듯이 한다'고 했다. 이제야 나는 그런 두려움에서 벗어났음을 알겠구나! 제자들아!"

曾子有疾, 召門弟子曰 : "啓予足! 啓予手!
증자유질 소문제자왈   계여족   계여수

詩云, '戰戰兢兢, 如臨深淵, 如履薄氷.' 而今而後,
시운 전전긍긍 여림심연 여리박빙 이금이후

吾知免夫! 小子!"
오지면부 소자

8-4
군자의 도

증자가 병에 걸리자, 맹경자^{노나라의 대부}가 문병을 왔다. 증자
가 말했다.

"새가 죽을 때가 되면 그 울음이 애처롭고, 사람이 죽을 때
가 되면 그 말이 선합니다. 군자가 도에 귀하게 여기는 것이
세 가지입니다. 몸을 움직일 때는 거칠고 제멋대로 하는 것
을 멀리하고, 얼굴빛을 바르게 할 때는 신의에 가깝게 하고,
말을 할 때는 저속하고 도리에 어긋나는 것을 멀리해야 합
니다. 제기를 다루는 것 같은 일은 담당자가 있습니다."

曾子有疾, 孟敬子問之. 曾子言曰 :
증 자 유 질　맹 경 자 문 지　증 자 언 왈

"鳥之將死, 其鳴也哀; 人之將死, 其言也善.
조 지 장 사　기 명 야 애　인 지 장 사　기 언 야 선

君子所貴乎道者三: 動容貌, 斯遠暴慢矣;
군 자 소 귀 호 도 자 삼   동 용 모   사 원 포 만 의

正顔色, 斯近信矣; 出辭氣, 斯遠鄙倍矣. 籩豆之事,
정 안 색   사 근 신 의   출 사 기   사 원 비 패 의   변 두 지 사

則有司存."
즉 유 사 존

8-5
증자의 좋은 친구

증자가 말했다.

"잘하면서도 잘하지 못하는 사람에게 묻고, 많이 알면서도 적게 아는 사람에게 묻는다. 있어도 없는 듯이 여기고, 가득 차도 빈 듯이 여기며, 잘못을 범해도 따지지 않는다. 옛날 나의 벗이 일찍이 이러하였다."

曾子曰 :"以能問於不能, 以多問於寡; 有若無,
증자왈   이능문어불능 이다문어과 유약무

實若虛, 犯而不校, 昔者吾友嘗從事於斯矣."
실약허 범이불교 석자오우상종사어사의

8-6
군자다운 사람

증자가 말했다.

"나이 어린 임금을 맡길 만하고, 나라의 앞날을 부탁할 만하며, 죽고 사는 순간에 그 절개를 빼앗을 수 없다면 군자다운 사람인가? 군자다운 사람이다."

曾子曰 : "可以託六尺之孤, 可以寄百里之命,
증 자 왈   가 이 탁 륙 척 지 고   가 이 기 백 리 지 명
臨大節而不可奪也. 君子人與? 君子人也."
임 대 절 이 불 가 탈 야   군 자 인 여   군 자 인 야

8-7
선비의 막중한 책임

증자가 말했다.

"선비는 마음이 넓고 굳세지 않으면 안 된다. 맡은 일이 무겁고 갈 길이 멀기 때문이다. 인을 자기의 임무로 삼으니 또한 책임이 무겁지 않겠는가? 죽은 다음에야 그만두니 또한 갈 길이 멀지 않겠는가?"

曾子曰 : "士不可以不弘毅, 任重而道遠.
증자왈   사 불 가 이 불 홍 의   임 중 이 도 원
仁以爲己任, 不亦重乎? 死而後已, 不亦遠乎?"
인 이 위 기 임   불 역 중 호   사 이 후 이   불 역 원 호

8-8
시·예·악

공자께서 말씀하셨다.

"시에서 흥기하고, 예에서 자립하고, 음악에서 완성한다."

子曰 : "興於詩, 立於禮, 成於樂."
자왈   흥어시 입어례 성어악

8-9

백성을 다스릴 때

공자께서 말씀하셨다.

"백성은 도리를 따르게 할 수는 있어도 그 이치를 이해시킬

수는 없다."

子曰 : "民可使由之, 不可使知之."
자 왈　　민 가 사 유 지　불 가 사 지 지

8-10
난을 일으키는 사람

공자께서 말씀하셨다.

"용기를 좋아하면서 가난을 싫어하면 난을 일으키고, 사람
이 인하지 못한 것을 지나치게 미워해도 난을 일으킨다."

子曰 : "好勇疾貧, 亂也. 人而不仁, 疾之已甚,
자 왈   호 용 질 빈 난 야   인 이 불 인   질 지 이 심

亂也."
난 야

8-11
교만과 인색

공자께서 말씀하셨다.

"만일 주공의 뛰어난 재주를 가졌다 하더라도 교만하고 인색하다면 그 나머지는 볼 것이 없다."

子曰 : "如有周公之才之美, 使驕且吝,
자 왈　　여 유 주 공 지 재 지 미　사 교 차 린

其餘不足觀也已."
기 여 부 족 관 야 이

8-12
배움과 녹봉

공자께서 말씀하셨다.

"삼 년을 배우고도 녹봉에 뜻을 두지 않는 사람은 얻기 쉽지
않다."

子曰 : "三年學, 不至於穀, 不易得也."
자왈   삼년학 부지어곡 불이득야

8-13
도에 머무르다

공자께서 말씀하셨다.

"믿음을 돈독히 하고 배우기를 좋아하며, 죽음으로 지키고 도를 발전시킨다. 위태로운 나라에 들어가지 않고, 어지러운 나라에 머물지 않는다. 천하에 도가 있으면 나아가고, 도가 없으면 숨는다. 나라에 도가 있는데 가난하고 천하면 부끄럽고, 나라에 도가 없는데 부유하고 귀하면 부끄럽다."

子曰 : "篤信好學, 守死善道. 危邦不入, 亂邦不居.
자왈　　 독신호학　수사선도　위방불입　난방불거
天下有道則見, 無道則隱. 邦有道, 貧且賤焉, 恥也;
천하유도즉현　무도즉은　방유도　빈차천언　치야
邦無道, 富且貴焉, 恥也."
방무도　부차귀언　치야

8-14
지위에 맞게

공자께서 말씀하셨다.

"그 지위에 있지 않으면 그 정치를 도모하지 않는다."

子曰 : "不在其位, 不謀其政."
자 왈   부 재 기 위   불 모 기 정

8-15
관저의 아름다움

공자께서 말씀하셨다.

"악사 지가 처음 악관이 되었을 때 연주한 「관저」의 마지막

장이 아름답구나! 아직까지도 귀에 가득하다."

子曰 : "師摯之始, 關雎之亂, 洋洋乎! 盈耳哉."
자왈　사지지시　관저지란　양양호　영이재

8-16
공자도 어쩔 수 없는 사람

공자께서 말씀하셨다.

"자유분방하면서도 정직하지 않고, 어리석으면서도 성실하지 않으며, 무능하면서도 믿을 수 없다면 나도 어떻게 해야 할지 알 수 없다."

子曰 : "狂而不直, 侗而不愿, 悾悾而不信,
자 왈   광 이 부 직   동 이 불 원   공 공 이 불 신

吾不知之矣."
오 부 지 지 의

8-17
배우는 자세

공자께서 말씀하셨다.

"배움은 따라가지 못할 듯이 하고, 오직 배운 것을 잃을까
두려워해야 한다."

子曰：“學如不及, 猶恐失之.”
자 왈　　학 여 불 급　유 공 실 지

8-18
순임금과 우임금

공자께서 말씀하셨다.

"높고도 크구나! 순임금과 우임금은 천하를 소유하시고도

누리지 않으셨다."

子曰 : "巍巍乎! 舜禹之有天下也, 而不與焉."
자 왈   외 외 호 순 우 지 유 천 하 야 이 불 예 언

8-19
위대한 요임금

공자께서 말씀하셨다.

"위대하다, 요임금이여! 드높구나! 오직 하늘이 위대하니,
요임금만이 하늘을 본받았네. 넓고 넓구나! 백성이 말로 다
표현하지 못하네. 드높구나! 그 공적이여. 찬란하다, 그 문화
여!"

子曰 : "大哉堯之爲君也! 巍巍乎! 唯天爲大,
자 왈　　 대 재 요 지 위 군 야　 외 외 호　 유 천 위 대

唯堯則之. 蕩蕩乎! 民無能名焉. 巍巍乎!
유 요 칙 지　탕 탕 호　민 무 능 명 언　외 외 호

其有成功也 ; 煥乎, 其有文章!"
기 유 성 공 야　 환 호　기 유 문 장

8-20
주나라의 덕

순임금은 다섯 명의 신하가 있어 천하를 잘 다스렸다.

무왕이 말했다.

"나에게는 유능한 신하가 열 명이 있다."

공자께서 말씀하셨다.

"인재를 얻기 어려우니 정말 그렇지 않은가? 요순시대만이
무왕의 때보다 번성했다. 무왕의 신하 열 명 중에 부인도 있
어서 아홉 명일 뿐이었다. 문왕은 천하의 삼분의 이를 차지
하고도 복종하여 은나라를 섬겼으니, 주나라의 덕은 지극한
덕이라고 할 수 있다."

舜有臣五人而天下治. 武王曰 : "予有亂臣十人."
순 유 신 오 인 이 천 하 치   무 왕 왈   여 유 란 신 십 인

孔子曰 : "才難, 不其然乎? 唐虞之際, 於斯爲盛.
공 자 왈   재 난 불 기 연 호   당 우 지 제   어 사 위 성

有婦人焉, 九人而已. 三分天下有其二, 以服事殷.
유부인언　구인이이　삼분천하유기이　이복사은

周之德, 其可謂至德也已矣."
주지덕　기가위지덕야이의

8-21
우임금의 덕

공자께서 말씀하셨다.

"우임금은 흠잡을 데가 없다. 평소의 음식은 소박하지만 귀신에게 제사를 지낼 때는 효를 다하고, 평소의 의복은 낡았지만 제사 예복은 아름다움을 다하였다. 자기 집은 허름하면서도 도랑을 만드는 일에는 온 힘을 다하니, 우임금은 흠잡을 데가 없구나."

子曰 : "禹, 吾無間然矣. 菲飮食, 而致孝乎鬼神 ;
자왈   우 오무간연의 비음식 이치효호귀신

惡衣服, 而致美乎黻冕 ; 卑宮室, 而盡力乎溝洫.
악의복 이치미호불면 비궁실 이진력호구혁

禹, 吾無間然矣."
우 오무간연의

논어

9편

자한(子罕)

9-1
공자가 드물게 한 말

공자께서는 이익과 운명 그리고 인에 대해서는 드물게 말씀
하셨다.

子罕言利與命與仁.
자 한 언 리 여 명 여 인

9-2
공자의 평판

달항 마을에 사는 사람이 말했다.

"위대하구나, 공자여! 배운 것은 많으나 특별히 잘하는 것이

없구나."

공자께서 이 말을 듣고 제자들에게 말씀하셨다.

"내가 무엇을 잡아야 할까? 수레 모는 말고삐를 잡을까? 활

을 잡을까? 나는 말고삐를 잡아야겠다."

達巷黨人曰 : "大哉孔子! 博學而無所成名."
달 항 당 인 왈   대 재 공 자   박 학 이 무 소 성 명

子聞之, 謂門弟子曰 : "吾何執? 執御乎? 執射乎?
자 문 지 위 문 제 자 왈   오 하 집   집 어 호   집 사 호

吾執御矣."
오 집 어 의

9-3
예를 따르는 것

공자께서 말씀하셨다.

"삼베로 만든 관을 쓰는 것이 예에 맞지만, 지금은 흰 비단
으로 만든 관을 쓰니 검소하다. 나는 여러 사람을 따르겠다.
당 아래에서 절하는 것이 예에 맞지만, 지금은 당 위에서 절
하니 교만하다. 비록 여러 사람과 어긋나더라도 나는 당 아
래에서 절하겠다."

子曰 : "麻冕, 禮也; 今也純, 儉. 吾從衆. 拜下,
자왈   마 면 예 야 금 야 순 검   오 종 중   배 하
禮也; 今拜乎上, 泰也. 雖違衆, 吾從下."
예 야   금 배 호 상   태 야   수 위 중   오 종 하

9-4

공자에게 없는 것

공자께서는 네 가지가 없으셨다. 사사로운 뜻, 꼭 해야 하는
것, 고집 부리는 것, 자기를 내세우는 것이 없으셨다.

子絶四, 毋意, 毋必, 毋固, 毋我.
자 절 사 무 의 무 필 무 고 무 아

9-5
광 땅의 고난

공자께서 광 땅에서 어려움을 겪을 때 말씀하셨다.

"문왕이 이미 돌아가셨으니 이 문화가 나에게 있지 않겠느냐! 하늘이 장차 이 문화를 없애려 한다면 뒤에 태어난 내가 이 문화에 참여할 수 없었을 것이다. 하늘이 이 문화를 없애려 하지 않는다면 광 땅 사람들이 나를 어찌하겠느냐?"

子畏於匡, 曰 : "文王既沒, 文不在玆乎?
자 외 어 광 왈   문 왕 기 몰 문 부 재 자 호
天之將喪斯文也, 後死者不得與於斯文也;
천 지 장 상 사 문 야 후 사 자 부 득 예 어 사 문 야
天之未喪斯文也, 匡人其如予何?"
천 지 미 상 사 문 야 광 인 기 여 여 하

9-6
군자의 능력

태재가 자공에게 물었다.

"선생님은 성인이신가? 어찌 그렇게 잘하는 것이 많은가?"

자공이 대답했다.

"참으로 하늘이 선생님을 성인으로 내셨고, 또 잘하는 것도 많으십니다."

공자께서 이 말을 듣고 말씀하셨다.

"태재가 나를 아는구나! 나는 어려서 빈천했다. 그래서 하찮은 일들을 두루 잘하는 것이다. 군자는 잘하는 것이 많은가? 그렇지 않다."

나중에 제자 뢰가 말했다.

"선생님께서는 '내가 관직에 등용되지 못했기 때문에 잘하는 것이 많다'라고 말씀하신 것이다."

大宰問於子貢曰：“夫子聖者與? 何其多能也?”
태 재 문 어 자 공 왈　　부 자 성 자 여　하 기 다 능 야

子貢曰：“固天縱之將聖, 又多能也.”子聞之曰：
자 공 왈　　고 천 종 지 장 성　우 다 능 야　자 문 지 왈

“大宰知我乎! 吾少也賤, 故多能鄙事. 君子多乎哉?
태 재 지 아 호　오 소 야 천　고 다 능 비 사　군 자 다 호 재

不多也.”牢曰：“子云, ‘吾不試, 故藝’.”
부 다 야　뢰 왈　　자 운　오 불 시　고 예

9-7
질문에 답할 때

공자께서 말씀하셨다.

"내가 아는 것이 있는가? 나는 아는 것이 없다. 하지만 어리석은 사람이 나에게 물으면, 그 사람이 아무것도 모르더라도 나는 그 내용을 잘 헤아려 최선을 다해 알려 준다."

子曰：“吾有知乎哉? 無知也. 有鄙夫問於我,
자왈　　오유지호재　무지야　유비부문어아

空空如也. 我叩其兩端而竭焉.”
공공여야　아고기량단이갈언

9-8
공자의 탄식

공자께서 말씀하셨다.

"봉황이 날아오지 않고, 황하에서 그림도 나오지 않는 것을
보니 내 인생도 끝이구나!"*

子曰 : "鳳鳥不至, 河不出圖, 吾已矣夫!"
자 왈　　봉 조 부 지　하 불 출 도　오 이 의 부

* 봉황은 상서로운 짐승으로 요순시절에 나타났다는 전설이 전해진다. 하도는 복희시대에
황하에서 나왔다는 그림이다.

9-9
공자의 예법

공자께서는 상복이나 관복을 입은 사람, 눈먼 사람을 만나
면 비록 그들이 자신보다 어리더라도 반드시 일어나 예를
표했다. 그들 앞을 지날 때는 반드시 빠른 걸음으로 가셨다.

子見齊衰者, 冕衣裳者與瞽者, 見之, 雖少必作;
자 견 자 최 자 면 의 상 자 여 고 자 견 지 수 소 필 작
過之, 必趨.
과 지 필 추

9-10
공자의 도

안연이 크게 탄식하며 말했다.

"선생님의 도는 우러러볼수록 더욱 높고, 파고들수록 더욱 견고하다. 바라보면 앞에 있더니 홀연히 뒤에 있다. 선생님께서는 차근차근 사람들을 잘 이끌어 주시니, 나를 학문으로 넓혀 주시고, 예로써 잡아 주신다. 그만두고 싶어도 그만둘 수 없구나. 이미 나의 능력을 다하여도 여전히 선생님의 도는 저 앞에 우뚝 서 있다. 그래서 따르려 해도 따라갈 수가 없구나."

顏淵喟然歎曰: "仰之彌高, 鑽之彌堅; 瞻之在前,
안 연 위 연 탄 왈   앙 지 미 고   찬 지 미 견   첨 지 재 전

忽焉在後. 夫子循循然善誘人, 博我以文, 約我以禮.
홀 언 재 후   부 자 순 순 연 선 유 인   박 아 이 문   약 아 이 례

欲罷不能. 旣竭吾才, 如有所立卓爾. 雖欲從之,
욕 파 불 능 기 갈 오 재 여 유 소 립 탁 이 수 욕 종 지

末由也已."
말 유 야 이

9-11
하늘은 속일 수 없다

공자께서 병이 심해지자, 자로가 제자들을 가신으로 삼았다. 병이 조금 나아지자 말씀하셨다.
"오래되었구나! 유가 이렇게 사람을 속인 지가. 나는 가신이 없는데 가신이 있는 것처럼 꾸몄구나. 내가 누구를 속이랴? 하늘을 속이겠는가? 또 나의 장례를 가신의 손에서 치르느니 너희들이 치르는 것이 더 낫지 않겠는가! 또 비록 나의 장례가 성대하게 치러지지 못하더라도 내가 길에서 죽기야 하겠는가?"

子疾病, 子路使門人爲臣. 病間, 曰 : "久矣哉!
자 질 병   자 로 사 문 인 위 신   병 간   왈   구 의 재
由之行詐也, 無臣而爲有臣. 吾誰欺? 欺天乎?
유 지 행 사 야   무 신 이 위 유 신   오 수 기   기 천 호

且予與其死於臣之手也, 無寧死於二三子之手乎!
차여여기사어신지수야 무녕사어이삼자지수호

且予縱不得大葬, 予死於道路乎?”
차여종부득대장 여사어도로호

9-12
자공의 질문

자공이 말했다.

"여기에 아름다운 옥이 있으니 함에 넣어 보관하시겠습니까? 아니면 좋은 값으로 파시겠습니까?"

공자께서 말씀하셨다.

"팔아야지! 팔아야지! 나는 좋은 값을 기다리는 사람이다."

子貢曰：“有美玉於斯，韞匵而藏諸？
자 공 왈　　유 미 옥 어 사　온 독 이 장 저

求善賈而沽諸？”子曰：“沽之哉! 沽之哉!
구 선 가 이 고 저　　자 왈　　고 지 재　고 지 재

我待賈者也.”
아 대 가 자 야

9-13
군자의 거처

공자께서 오랑캐 땅에 가서 살려고 하셨다. 누군가가 말했다.

"그곳은 누추할 텐데 어떻게 지내려 하십니까?"

공자께서 말씀하셨다.

"군자가 사는 곳이라면 무슨 누추함이 있겠는가?"

子欲居九夷. 或曰 : "陋, 如之何?" 子曰 :
자 욕 거 구 이 혹 왈   누 여 지 하   자 왈

"君子居之, 何陋之有?"
군 자 거 지 하 루 지 유

9-14
시와 악을 바로잡다

공자께서 말씀하셨다.

"내가 위나라에서 노나라로 돌아온 뒤에 음악을 바로잡았다. 아와 송*이 각각 제자리를 찾았다."

子曰 : "吾自衛反魯, 然後樂正, 雅頌各得其所."
자 왈   오 자 위 반 노   연 후 악 정   아 송 각 득 기 소

---

*『시경』은 풍(風), 아(雅), 송(頌)의 세 부분으로 구성되어 있다. 풍은 서민의 노래, 아는 귀족의 노래, 송은 나라 행사 때 쓰던 종묘제례악이다.

9-15
공자의 일상

공자께서 말씀하셨다.

"나가서는 윗사람을 섬기고, 들어와서는 부모형제를 섬긴다. 상을 당했을 때는 최선을 다하고 술주정을 하지 않는다. 이런 것이 어찌 나에게 어려운 일이겠는가?"

子曰 : "出則事公卿, 入則事父兄, 喪事不敢不勉,
자 왈   출 즉 사 공 경   입 즉 사 부 형   상 사 불 감 불 면
不爲酒困, 何有於我哉?"
불 위 주 곤   하 유 어 아 재

9-16
불사주야

공자께서 강가에서 말씀하셨다.

"흘러가는 것이 이와 같구나! 밤낮으로 쉬지 않는구나."

子在川上曰 : "逝者如斯夫! 不舍晝夜."
자 재 천 상 왈   서 자 여 사 부   불 사 주 야

9-17
호덕과 호색

공자께서 말씀하셨다.

"나는 아직 덕을 좋아하기를 여색을 좋아하듯이 하는 사람
을 보지 못했다."

子曰 : "吾未見好德如好色者也."
자왈   오미견호덕여호색자야

9-18
공부에 비유하자면

공자께서 말씀하셨다.

"공부하는 것은 비유하자면 산을 만드는 것과 같다. 한 삼태
기의 흙을 보태지 않고 그만두는 것도 내가 그만두는 것이
다. 비유하자면 땅을 고르는 것과 같다. 비록 한 삼태기의 흙
을 덮어 나아가는 것도 내가 나아가는 것이다."

子曰 :"譬如爲山, 未成一簣, 止, 吾止也 ;
자왈   비여위산 미성일궤   지 오지야
譬如平地, 雖覆一簣, 進, 吾往也."
비여평지 수복일궤   진 오왕야

9-19
실천하는 안회

공자께서 말씀하셨다.

"가르쳐 주면 게을리하지 않는 사람은 회일 것이다!"

子曰 : "語之而不惰者, 其回也與!"
자 왈　　 어 지 이 불 타 자　 기 회 야 여

9-20
멈추지 않는 안회

공자께서 안연에 대해 말씀하셨다.

"애석하구나! 나는 그가 앞으로 나아가는 것만 보았지, 멈추는 것은 본 적이 없다."

子謂顔淵曰 : "惜乎! 吾見其進也, 未見其止也."
자 위 안 연 왈　　석 호　　오 견 기 진 야　 미 견 기 지 야

9-21
다 열매 맺지 않는다

공자께서 말씀하셨다.

"싹이 났는데도 꽃을 피우지 못하는 경우가 있구나! 꽃을 피

웠더라도 열매를 맺지 못하는 경우도 있구나!"

子曰 : "苗而不秀者有矣夫! 秀而不實者有矣夫!"
자 왈   묘 이 불 수 자 유 의 부   수 이 불 실 자 유 의 부

9-22
두려운 후배

공자께서 말씀하셨다.

"후배는 두렵다. 그들이 지금의 우리만 못하다는 것을 어찌

알 수 있겠는가? 하지만 사십·오십이 되어도 명성이 없다면,

그 또한 두려워할 만한 사람이 못 된다."

子曰：“後生可畏, 焉知來者之不如今也? 四十·
　자 왈　　후 생 가 외　 언 지 래 자 지 불 여 금 야　　사 십·

五十而無聞焉, 斯亦不足畏也已.”
오 십 이 무 문 언　 사 역 부 족 외 야 이

9-23
어찌할 수 없는 것

공자께서 말씀하셨다.

"올바른 말을 하는데 따르지 않을 수 있겠는가? 잘못을 고치는 것이 중요하다. 부드럽게 타이르는 말에 기쁘지 않을 수 있겠는가? 뜻을 찾아가는 것이 중요하다. 기뻐하기만 하고 뜻을 찾지 않고, 따르기만 하고 잘못을 고칠 줄 모르면 나도 어찌할 수 없다."

子曰 : "法語之言, 能無從乎? 改之爲貴. 巽與之言,
자 왈　 법 어 지 언　 능 무 종 호　　개 지 위 귀　 손 여 지 언

能無說乎? 繹之爲貴. 說而不繹, 從而不改,
능 무 열 호　　역 지 위 귀　 열 이 불 역　 종 이 불 개

吾末如之何也已矣."
오 말 여 지 하 야 이 의

9-24
명심해야 할 세 가지

공자께서 말씀하셨다.

"성실과 신의를 주로 하고, 나만 못한 사람을 사귀지 말라.

잘못이 있으면 고치기를 꺼리지 말라."

子曰 : "主忠信, 毋友不如己者, 過則勿憚改."
자 왈   주 충 신   무 우 불 여 기 자   과 즉 물 탄 개

9-25
필부의 뜻

공자께서 말씀하셨다.

"삼군에게서 장수를 빼앗을 수는 있어도, 필부에게서 뜻을
빼앗을 수는 없다."

子曰 : "三軍可奪帥也, 匹夫不可奪志也."
자 왈　　삼 군 가 탈 수 야　필 부 불 가 탈 지 야

9-26
자로가 외운 말

공자께서 말씀하셨다.

"낡은 솜옷을 입고, 여우나 담비 가죽옷을 입은 사람과 함께 서 있어도 부끄러워하지 않는 사람은 유일 것이다. 『시경』「위풍·웅치」편에 이르기를 '남을 해치지 않고 남의 것을 탐내지 않는다면 어찌 훌륭하지 않겠는가?' 했다."

자로는 이 구절을 내내 외우고 다녔다. 공자께서 말씀하셨다.

"이 정도의 도가 어찌 훌륭하다고 할 수 있겠는가?"

子曰：“衣敝縕袍, 與衣狐貉者立, 而不恥者,
자왈　　의폐온포　여의호학자립　이불치자

其由也與? '不忮不求, 何用不臧?'” 子路終身誦之.
기유야여　불기불구　하용부장　　자로종신송지

子曰：“是道也, 何足以臧?”
자왈　　시도야　하족이장

9-27
세한연후

공자께서 말씀하셨다.

"날씨가 추워진 후에야 소나무와 잣나무가 늦게 시드는 것을 알 수 있다."

子曰 : "歲寒, 然後知松柏之後彫也."
자 왈   세 한 연 후 지 송 백 지 후 조 야

9-28
세 가지 덕

공자께서 말씀하셨다.

"지혜로운 사람은 미혹되지 않고, 어진 사람은 근심하지 않으며, 용기 있는 사람은 두려워하지 않는다."

子曰 : "知者不惑, 仁者不憂, 勇者不懼."
자 왈　　지 자 불 혹　인 자 불 우　용 자 불 구

9-29

함께할 수 없는 것

공자께서 말씀하셨다.

"같이 배울 수는 있지만 다 같이 도로 나아갈 수 있는 것은
아니다. 도로 나아갔더라도 다 같이 굳게 지킬 수 있는 것은
아니다. 굳게 지키더라도 누구나 다 상황에 맞게 처신할 수
있는 것은 아니다."

子曰 : "可與共學, 未可與適道; 可與適道,
자 왈　　가 여 공 학　미 가 여 적 도　　가 여 적 도

未可與立; 可與立, 未可與權."
미 가 여 립　가 여 립　미 가 여 권

9-30
먼 것은 문제가 아니다

"산앵두나무 꽃이 산들산들 흔들리는구나. 어찌 그대를 생

각하지 않겠는가. 집이 멀리 있구나."

공자께서 말씀하셨다.

"생각이 없는 것이지 길이 먼 것이 무슨 문제이겠는가."

"唐棣之華, 偏其反而. 豈不爾思? 室是遠而."
　당 체 지 화　편 기 반 이　기 불 이 사　실 시 원 이

子曰 : "未之思也, 夫何遠之有?"
자 왈　　　미 지 사 야　부 하 원 지 유

논어

10편

향당(鄕黨)

10-1
향당과 종묘

공자께서 마을에서 계실 때는 공손하여 말을 잘하지 못하는 것처럼 하셨다. 종묘와 조정에서는 분명하게 말씀을 잘하셨는데, 다만 신중하게 하셨다.

孔子於鄕黨, 恂恂如也, 似不能言者.
공자어향당　순순여야　사불능언자
其在宗廟朝廷, 便便言, 唯謹爾.
기재종묘조정　변변언　유근이

10-2
조정에서 말하기

조정에서 하대부와 말씀하실 때는 강직하게 하시고, 상대부와 함께 말씀하실 때는 온화하게 하셨다. 임금이 계실 때는 조심하면서도 위엄 있으셨다.

朝, 與下大夫言, 侃侃如也 ; 與上大夫言,
조　여하대부언　간간여야　　여상대부언
闇闇如也. 君在, 踧踖如也, 與與如也.
은은여야　군재　축적여야　여여여야

10-3
손님 접대 예법

임금이 불러서 손님을 접대할 때는 긴장한 얼굴빛으로 발걸음을 조심하셨다. 함께 서 있는 사람과 인사할 때는 두 손을 좌우로 읍하고 옷자락을 가지런히 하셨다. 빨리 걸어가실 때는 날개를 편 듯이 했다. 손님이 떠나면 반드시 돌아와 보고하셨다.

"손님이 돌아보지 않고 잘 떠나셨습니다."

君召使擯, 色勃如也, 足躩如也. 揖所與立, 左右手.
군 소 사 빈   색 발 여 야   족 확 여 야   읍 소 여 립   좌 우 수
衣前後, 襜如也. 趨進, 翼如也. 賓退, 必復命曰 :
의 전 후   첨 여 야   추 진   익 여 야   빈 퇴   필 복 명 왈
"賓不顧矣."
빈 불 고 의

10-4
조정의 예법

궁궐 문을 들어설 때는 몸을 굽혀서 마치 문이 비좁은 듯이 하셨다. 서 있을 때는 문의 가운데에 서지 않으시고, 다니실 때는 문지방을 밟지 않으셨다. 임금의 자리를 지날 때는 긴 장한 얼굴빛으로 발걸음을 조심하셨고, 말을 잘하지 못하는 것처럼 하셨다. 옷자락을 잡고 당에 오르실 때는 몸을 굽혀, 숨죽여 숨 쉬지 않는 듯이 하셨다. 나와서 한 계단을 내려와 서는 얼굴빛을 펴고 즐거운 듯이 하셨고, 다 내려와서는 빨 리 걸어 날개를 편 듯이 하셨고, 자리로 돌아와서는 공손한 모습으로 계셨다.

入公門, 鞠躬如也, 如不容. 立不中門, 行不履閾.
입 공 문 국 궁 여 야 여 불 용 입 부 중 문 행 불 리 역

過位, 色勃如也, 足躩如也, 其言似不足者.
과 위 색 발 여 야 족 확 여 야 기 언 사 부 족 자

攝齊升堂, 鞠躬如也, 屏氣似不息者. 出, 降一等,
섭 자 승 당 국 궁 여 야 병 기 사 불 식 자 출 강 일 등

逞顏色, 怡怡如也. 沒階趨進, 翼如也. 復其位,
영 안 색 이 이 여 야 몰 계 추 진 익 여 야 복 기 위

踧踖如也.
축 적 여 야

10-5
조회의 예법

규^{제후의 신}표를 잡을 때는 몸을 굽혀 규의 무게를 이기지 못하는 것처럼 하셨다. 위로 올릴 때는 읍할 때와 같게 하고, 아래로 내릴 때는 물건을 줄 때와 같게 하셨다. 긴장한 듯이 두려운 얼굴빛으로 발걸음을 조심조심 끌 듯이 하셨다. 예물을 올릴 때는 얼굴빛을 환하게 하셨고, 사사로이 볼 때는 편안하게 하셨다.

執圭, 鞠躬如也, 如不勝. 上如揖, 下如授.
집규 국궁여야 여불승 상여읍 하여수

勃如戰色, 足蹜蹜, 如有循. 享禮, 有容色. 私覿,
발여전색 족축축 여유순 향례 유용색 사적

愉愉如也.
유유여야

10-6
군자의 옷차림

군자께서는 감색이나 검붉은 색으로 옷의 테를 두르지 않으셨다. 다홍색과 자주색으로 평상복을 만들지 않으셨다. 더울 때 홑겹의 베옷을 입는데 반드시 속옷을 입고 겉에 입으셨다. 검은 옷은 염소 가죽 옷과 입으시고, 흰 옷은 사슴 가죽 옷과 입으시고, 누런 옷은 여우 가죽 옷과 입으셨다. 평상복은 길게 입는데 오른쪽 소매는 짧게 하셨다. 반드시 잠옷을 입는데 길이는 키보다 반쯤 길게 하셨다. 여우와 담비의 두터운 가죽을 깔고 앉으셨다. 상복을 벗으면 장신구를 모두 다셨다. 조복이나 제복이 아니면 반드시 폭을 줄여서 꿰매셨다. 염소 가죽 옷을 입거나 검은 관을 쓰고 조문하지 않으셨다. 매월 초하루에는 반드시 조복을 입고 조회하셨다.

君子不以紺緅飾. 紅紫不以爲褻服.
군자불이감추식 홍자불이위설복

當署, 袗絺綌, 必表而出之. 緇衣羔裘, 素衣麑裘,
당서 진치격 필표이출지 치의고구 소의예구

黃衣狐裘. 褻裘長, 短右袂. 必有寢衣, 長一身有半.
황의호구 설구장 단우메 필유침의 장일신유반

狐貉之厚以居. 去喪, 無所不佩. 非帷裳, 必殺之.
호학지후이거 거상 무소불패 비유상 필쇄지

羔裘玄冠不以弔. 吉月, 必朝服而朝.
고구현관불이조 길월 필조복이조

10-7
목욕재계

목욕재계 하실 때는 반드시 명의를 입으셨는데 베로 만들었
다. 목욕재계 하실 때는 반드시 음식을 바꾸시며, 거처하는
곳도 반드시 옮겨서 앉으셨다.

齊, 必有明衣, 布. 齊, 必變食, 居必遷坐
재 필유명의 포 재 필변식 거필천좌

10-8
음식의 예법

흰 쌀밥을 싫어하지 않으셨고, 가늘게 썬 회를 싫어하지 않
으셨다. 밥이 상하여 쉰 것과 상한 생선과 부패한 고기는 먹
지 않으셨다. 색이 변한 것은 먹지 않으셨고, 냄새가 나는 것
은 먹지 않으셨다. 잘못 삶은 것은 먹지 않으셨고, 제철이 아
닌 것도 먹지 않으셨다. 제대로 잘리지 않은 것은 먹지 않으
셨고, 맞는 장이 없으면 먹지 않으셨다. 비록 고기가 많아도
밥보다 많이 먹지 않으셨다. 술은 정해진 양이 없으나 취하
도록 마시지 않으셨다. 시장에서 산 술과 포를 먹지 않으셨
다. 생강을 드셨고 많이 먹지 않으셨다. 나라에서 제사를 지
내고 받은 고기는 밤을 넘기지 않으셨고, 집에서 제사 지낸
고기는 삼 일을 넘기지 않았으니, 삼 일이 지나면 먹지 않으
셨다. 음식을 먹을 때는 대답을 하지 않으셨고, 잠잘 때는 말

을 하지 않으셨다. 비록 거친 밥과 나물국이라도 반드시 고
수레_{귀신에게 먼저 바치는것}를 공경히 하셨다.

食不厭精, 膾不厭細. 食饐而餲, 魚餒而肉敗,
사 불 염 정   회 불 염 세   사 애 이 애   어 뇌 이 육 패

不食. 色惡, 不食. 臭惡, 不食. 失飪, 不食. 不時,
불 식   색 악   불 식   취 악   불 식   실 임   불 식   불 시

不食. 割不正, 不食. 不得其醬, 不食. 肉雖多,
불 식   할 부 정   불 식   부 득 기 장   불 식   육 수 다

不使勝食氣. 唯酒無量, 不及亂. 沽酒市脯不食.
불 사 승 사 기   유 주 무 량   불 급 란   고 주 시 포 불 식

不撤薑食. 不多食. 祭於公, 不宿肉. 祭肉不出三日.
불 철 강 식   부 다 식   제 어 공   불 숙 육   제 육 불 출 삼 일

出三日, 不食之矣. 食不語, 寢不言. 雖疏食菜羹,
출 삼 일   불 식 지 의   식 불 어   침 불 언   수 소 사 채 갱

瓜祭, 必齊如也.
과 제   필 재 여 야

10-9
앉는 자리

자리가 바르지 않으면 앉지 않으셨다.

席不正, 不坐.
석 부 정   부 좌

10-10
마을에서 어울릴 때

마을 사람들과 술을 마실 때는 지팡이를 짚은 분이 나간 후에 나가셨다. 마을 사람들이 굿을 할 때는 조복을 입고 동쪽 층계에 서 계셨다.

鄕人飮酒, 杖者出, 斯出矣. 鄕人儺,
향 인 음 주　장 자 출　사 출 의　향 인 나
朝服而立於阼階.
조 복 이 립 어 조 계

10-11
선물을 받는 예법

다른 나라에 사람을 보내 안부를 물을 때는 두 번 절하고 보
내셨다.

계강자가 약을 보내자, 두 번 절하고 그것을 받으며 말씀하
셨다.

"내가 이 약에 대해 잘 모르기 때문에 감히 맛보지 못합니
다."

問人於他邦, 再拜而送之. 康子饋藥, 拜而受之.
문인어타방 재배이송지 강자궤약 배이수지

曰 : "丘未達, 不敢嘗."
왈   구미달 불감상

10-12
마구간에서 불이 나면

마구간에 불이 났는데, 공자께서 조정에서 돌아와 말씀하
셨다.

"사람이 다쳤느냐?"

말에 대해서는 묻지 않으셨다.

廐焚. 子退朝, 曰 : "傷人乎?" 不問馬.
구 분   자 퇴 조   왈   상 인 호   불 문 마

10-13
임금을 모시는 예법

임금께서 음식을 주시면 반드시 바른 자세로 먼저 맛보셨다. 임금께서 날고기를 주시면 반드시 익혀서 조상께 올리셨다. 임금께서 산 짐승을 주시면 반드시 그것을 기르셨다. 임금을 모시고 밥을 먹을 때, 임금께서 제를 올리시면 먼저 밥을 맛보셨다. 병에 걸렸을 때 임금께서 병문안을 오시면, 머리를 동쪽으로 두시고 조복을 몸에 덮고 띠를 위에 걸쳐 놓으셨다. 임금의 부름을 받으면 수레가 준비되기를 기다리지 않고 나가셨다. 태묘에 들어가시면 모든 일을 물으셨다.

君賜食, 必正席先嘗之; 君賜腥, 必熟而薦之;
군 사 식 필 정 석 선 상 지 군 사 성 필 숙 이 천 지

君賜生, 必畜之. 侍食於君, 君祭, 先飯. 疾,
군 사 생 필 휵 지 시 식 어 군 군 제 선 반 질

君視之, 東首, 加朝服, 拖紳. 君命召, 不俟駕行矣.
군 시 지 동 수 가 조 복 타 신 군 명 소 불 사 가 행 의

入太廟, 每事問.
입 태 묘 매 사 문

10-14
벗과 사귀는 예법

벗이 죽어서 돌아갈 곳이 없었다. 공자께서 말씀하셨다.

"우리 집에 빈소를 차려라."

벗이 보낸 선물은 비록 수레와 말일지라도, 제사 지낸 고기

가 아니면 절하지 않으셨다.

朋友死, 無所歸. 曰 : "於我殯." 朋友之饋, 雖車馬,
붕 우 사 무 소 귀 왈   어 아 빈   붕 우 지 궤   수 거 마

非祭肉, 不拜.
비 제 육 불 배

10-15
일상의 예법

잠잘 때에는 죽은 사람처럼 하지 않으시며, 집에 계실 때는 몸치장을 하지 않으셨다. 상복을 입은 사람을 보시면, 비록 친한 사이라도 반드시 얼굴빛을 바꾸셨다. 관복을 입은 사람과 눈먼 사람을 보시면, 비록 자주 만나는 사이라도 반드시 예를 갖추셨다. 수레를 타고 가다가 상복을 입은 사람을 만나면 인사하시고, 지도와 호적을 짊어진 사람에게도 인사하셨다. 성대한 음식을 대접 받으면 반드시 얼굴빛을 바꾸고 일어나셨다. 천둥 번개가 치고 사나운 바람이 불면 반드시 얼굴빛을 바꾸셨다.

寢不尸, 居不容. 見齊衰者, 雖狎, 必變.
침 불 시　거 불 용　견 자 최 자　수 압　필 변

見冕者與瞽者, 雖褻, 必以貌. 凶服者式之.
견 면 자 여 고 자 수 설 필 이 모 흉 복 자 식 지

式負版者. 有盛饌, 必變色而作. 迅雷風烈必變.
식 부 판 자 유 성 찬 필 변 색 이 작 신 뢰 풍 렬 필 변

10-16
수레를 탈 때

수레에 오르시면 반드시 바르게 서서 손잡이 끈을 잡으셨다. 수레 안에서는 뒤를 돌아보지 않으셨고, 말을 빨리 하지 않으셨으며, 손가락으로 가리키지 않으셨다.

升車, 必正立執綏. 車中, 不內顧, 不疾言, 不親指.
승 거 필 정 립 집 수 거 중 불 내 고 부 질 언 불 친 지

10-17
꿩을 잡은 자로

사람이 다가오자 새가 날아올라 빙빙 돌다 내려앉는다. 공
자께서 말씀하셨다.

"산골짜기 돌다리에 앉은 암꿩이 때를 만났구나! 때를 만났
구나!"

자로가 그 꿩을 잡아 올리니, 세 번 냄새 맡고 일어나셨다.

色斯擧矣, 翔而後集. 曰："山梁雌雉, 時哉! 時哉!"
색 사 거 의 상 이 후 집 왈   산 량 자 치 시 재   시 재
子路共之, 三嗅而作.
자 로 공 지 삼 후 이 작

논어

11편

선진(先進)

11-1
선진과 후진

공자께서 말씀하셨다.

"옛사람들의 예악은 야인처럼 소박하고, 후대 사람들의 예악은 군자처럼 세련되었다. 만일 예악을 쓴다면 나는 옛사람들의 예악을 따르겠다."

子曰：“先進於禮樂, 野人也 ; 後進於禮樂, 君子也.
자왈　선진어례악　야인야　후진어례악　군자야
如用之, 則吾從先進.”
여용지　즉오종선진

11-2
공문십철

공자께서 말씀하셨다.

"나와 함께 진·채_{진나라와 채나라 사이}에서 고생하던 사람들이 모두 문하에 없구나. 덕행에는 안연, 민자건, 염백우, 중궁, 언어에는 재아, 자공, 정사에는 염유, 계로, 문학에는 자유, 자하가 있었다."

子曰 : "從我於陳蔡者, 皆不及門也. 德行 : 顔淵,
자왈   종아어진채자 개불급문야 덕행   안연

閔子騫, 冉伯牛, 仲弓. 言語 : 宰我, 子貢. 政事 :
민자건 염백우 중궁 언어   재아 자공 정사

冉有, 季路. 文學 : 子游, 子夏."
염유 계로 문학   자유 자하

11-3
기뻐하는 안회

공자께서 말씀하셨다.

"회는 나를 도와주는 사람이 아니다. 내가 하는 말을 듣고 기뻐하지 않은 적이 없다."

子曰 : "回也非助我者也, 於吾言無所不說."
자 왈   회 야 비 조 아 자 야 어 오 언 무 소 불 열

11-4
효성스런 민자건

공자께서 말씀하셨다.

"효성스럽구나, 민자건이여! 사람들이 그 부모형제가 그를
칭찬하는 말에 트집을 잡지 않는구나."

子曰 : "孝哉閔子騫! 人不間於其父母昆弟之言."
자 왈　　효 재 민 자 건　　인 불 간 어 기 부 모 곤 제 지 언

11-5
남용의 시 암송

남용이 '백규'*를 하루에 세 번씩 암송했다. 공자께서 형의
딸을 그에게 시집 보내셨다.

南容三復白圭, 孔子以其兄之子妻之.
남 용 삼 복 백 규 공 자 이 기 형 지 자 처 지

* 백규(白圭)는 『시경』 「대아·억」 편이다. "희고 맑은 옷의 티는 그래도 갈아 낼 수 있으나,
이러한 말의 티는 고칠 수 없다"[白圭之玷, 尚可磨也. 斯言之玷, 不可爲也]. 이것은 말은 주
위 담을 수 없으니 조심하고 또 조심해야 한다는 의미이다.

11-6
안회의 죽음①

계강자가 물었다.

"제자 중에 누가 배움을 좋아합니까?"

공자께서 대답하셨다.

"안회라는 제자가 배움을 좋아했는데 불행히도 명이 짧아

죽었습니다. 그래서 지금은 아무도 없습니다."

季康子問 : "弟子孰爲好學?" 孔子對曰 :
계 강 자 문　　　제 자 숙 위 호 학　　　공 자 대 왈

"有顏回者好學, 不幸短命死矣! 今也則亡."
유 안 회 자 호 학　불 행 단 명 사 의　　금 야 즉 무

11-7
안회의 죽음②

안연이 죽었다. 아버지 안로가 공자의 수레를 청하여 그것
으로 덧관을 장만하려고 했다. 공자께서 말씀하셨다.

"재주가 있든 없든 또한 모두 자식이라고 할 수 있다. 내 아
들 리^{백어}가 죽었을 때도 관만 썼지 덧관은 없었다. 내가 걸어
다니면서까지 아들의 덧관을 만들 수는 없었다. 대부의 자
리에 있었기 때문에 걸어 다닐 수 없었다."

顔淵死, 顔路請子之車以爲之槨.
안 연 사 안 로 청 자 지 거 이 위 지 곽

子曰: "才不才, 亦各言其子也. 鯉也死,
자 왈   재 부 재   역 각 언 기 자 야 리 야 사

有棺而無槨. 吾不徒行以爲之槨. 以吾從大夫之後,
유 관 이 무 곽 오 부 도 행 이 위 지 곽 이 오 종 대 부 지 후

不可徒行也."
불 가 도 행 야

11-8
안회의 죽음 ③

안연이 죽었다. 공자께서 말씀하셨다.

"아! 하늘이 나를 버렸구나! 하늘이 나를 버렸구나!"

顔淵死. 子曰 : "噫! 天喪予! 天喪予!"
안 연 사   자 왈   희   천 상 여   천 상 여

11-9
안회의 죽음 ④

안연이 죽었다. 공자께서 곡을 하시다가 통곡하셨다. 따르

던 제자가 말했다.

"선생님, 지나치게 애통해하십니다."

공자께서 말씀하셨다.

"내가 통곡을 했느냐? 저 사람을 위해서 통곡하지 않는다면

누굴 위해 하겠느냐!"

顔淵死, 子哭之慟. 從者曰:"子慟矣."曰:
안 연 사 자 곡 지 통 종 자 왈   자 통 의   왈

"有慟乎? 非夫人之爲慟而誰爲!"
유 통 호 비 부 인 지 위 통 이 수 위

11-10
안회의 죽음 ⑤

안연이 죽었다. 문인들이 그의 장례식을 성대하게 치르려고
했다. 공자께서 말씀하셨다.

"안 된다."

그러나 문인들이 성대하게 장례를 치렀다. 공자께서 말씀하
셨다.

"회는 나를 아버지처럼 대했는데, 나는 그를 자식처럼 대하
지 못했구나. 이는 내 탓이 아니라, 자네들의 탓이다."

顔淵死, 門人欲厚葬之. 子曰 : "不可." 門人厚葬之.
안 연 사 문 인 욕 후 장 지 자 왈   불 가   문 인 후 장 지

子曰 : "回也視予猶父也, 予不得視猶子也.
자 왈   회 야 시 여 유 부 야 여 부 득 시 유 자 야

非我也, 夫二三子也."
비 아 야 부 이 삼 자 야

11-11
귀신과 죽음을 묻다

계로가 귀신 섬기는 일을 물었다. 공자께서 말씀하셨다.

"사람도 제대로 섬기지 못하는데 어찌 귀신을 섬길 수 있겠느냐?"

계로가 말했다.

"감히 죽음에 대해 묻겠습니다."

공자께서 말씀하셨다.

"삶도 제대로 알지 못하는데 어찌 죽음을 알겠느냐?"

季路問事鬼神. 子曰 : "未能事人, 焉能事鬼?" 曰 :
계 로 문 사 귀 신 자 왈   미 능 사 인 언 능 사 귀   왈

"敢問死." 曰 : "未知生, 焉知死?"
감 문 사   왈   미 지 생 언 지 사

11-12
공자와 제자들

민자건은 공자를 곁에서 모실 때 온화했고, 자로는 굳세었

고, 염유와 자공은 유연했다. 공자께서 즐거워하셨다.

"유는 제명대로 살지 못하겠구나."

閔子侍側, 誾誾如也; 子路, 行行如也; 冉有, 子貢,
민 자 시 측   은 은 여 야   자 로   항 항 여 야   염 유   자 공

侃侃如也. 子樂. "若由也, 不得其死然."
간 간 여 야   자 락   약 유 야   부 득 기 사 연

11-13
이치를 아는 민자건

노나라에서 큰 창고인 '장부'를 다시 만들었다. 민자건이 말
했다.

"옛것을 그대로 쓰면 어떤가? 왜 반드시 다시 지어야만 하
는가?"

공자께서 말씀하셨다.

"그는 말이 없지만, 말을 하면 반드시 이치에 맞는구나."

魯人爲長府. 閔子騫曰 : "仍舊貫, 如之何?
노 인 위 장 부   민 자 건 왈   잉 구 관   여 지 하
何必改作?"子曰 : "夫人不言, 言必有中."
하 필 개 작   자 왈   부 인 불 언 언 필 유 중

11-14
자로의 연주

공자께서 말씀하셨다.

"유의 거친 비파 소리가 어찌 내 집안에서 들리느냐?"

이를 듣고 문인들이 그를 공경하지 않았다. 공자께서 말씀하셨다.

"유는 마루에는 올라섰다. 다만 아직 방안에 들어오지 못한 것이다."

子曰 : "由之瑟, 奚爲於丘之門?" 門人不敬子路.
자왈   유지슬   해위어구지문   문인불경자로

子曰 : "由也升堂矣, 未入於室也."
자왈   유야승당의 미입어실야

11-15
과유불급

자공이 물었다.

"사자장와 상자하 중 누가 더 낫습니까?"

공자께서 말씀하셨다.

"사는 지나치고 상은 부족하다."

자공이 말했다.

"그럼 사가 낫습니까?"

공자께서 말씀하셨다.

"과유불급이니 지나친 것이나 모자란 것이나 다 똑같다."

子貢問 : "師與商也孰賢?" 子曰 : "師也過,
자공문   사여상야숙현   자왈   사야과

商也不及." 曰 : "然則師愈與?" 子曰 : "過猶不及."
상야불급   왈   연즉사유여   자왈   과유불급

11-16
염구를 성토하라

계씨는 주공보다 부유했다. 가신인 염구가 그를 위해 세금을
더 거두어 그의 재산을 늘려 주었다. 공자께서 말씀하셨다.
"그는 나의 제자가 아니다. 너희들은 북을 울리며 그를 성토
해도 좋다."

季氏富於周公, 而求也爲之聚斂而附益之. 子曰 :
계 씨 부 어 주 공　이 구 야 위 지 취 렴 이 부 익 지　자 왈
"非吾徒也. 小子鳴鼓而攻之, 可也."
비 오 도 야　소 자 명 고 이 공 지　가 야

11-17
제자들의 성품

시柴고는 우직하고, 삼參은 미련하고, 사師는 치우치고, 유由
로는 거칠다.

柴也愚, 參也魯, 師也辟, 由也喭.
시 야 우 삼 야 로 사 야 벽 유 야 언

11-18
안회와 자공의 차이

공자께서 말씀하셨다.

"회는 거의 도를 터득했지만 자주 쌀독이 비었다. 사는 천명을 받아들이지 않고 재산을 불렸으나, 그의 예측이 자주 적중했다."

子曰, "回也其庶乎, 屢空. 賜不受命, 而貨殖焉,
자 왈   회 야 기 서 호   누 공   사 불 수 명   이 화 식 언
億則屢中."
억 즉 루 중

11-19
선인의 길

자장이 선인의 길을 물었다. 공자께서 말씀하셨다.

"옛 성현의 가르침을 밟아 나가지 않는다면 또한 높은 경지
에 들어갈 수 없다."

子張問善人之道. 子曰 : "不踐迹, 亦不入於室."
자 장 문 선 인 지 도   자 왈   불 천 적   역 불 입 어 실

11-20
군자의 말

공자께서 말씀하셨다.

"하는 말이 독실하여 그에게 동조한다면, 그는 군자인가?

얼굴빛만 그럴듯한 사람인가?"

子曰 : "論篤是與, 君子者乎? 色莊者乎?"
자 왈   논 독 시 여   군 자 자 호   색 장 자 호

11-21
성품을 살펴 가르치다

자로가 물었다.

"들으면 바로 실천해야 합니까?"

공자께서 말씀하셨다.

"부모형제가 계신데 어찌 들으면 바로 실천하겠느냐?"

염유가 물었다.

"들으면 바로 실천해야 합니까?"

공자께서 말씀하셨다.

"들으면 바로 실천해야 한다."

공서화가 물었다.

"유가 '들으면 바로 실천해야 하는지' 물었을 때는 선생님
께서 '부모형제가 계시다'고 말씀하셨습니다. 구가 '들으면
바로 실천해야 하는지'를 물었을 때는 선생님께서 '들으면

바로 실천해야 한다'고 말씀하셨습니다. 제가 의아해서 감
히 묻습니다."

공자께서 말씀하셨다.

"구는 소극적으로 물러나기 때문에 적극적으로 나아가게
한 것이다. 유는 남을 이기려 하기 때문에 물러서도록 한 것
이다."

子路問 : "聞斯行諸?" 子曰 : "有父兄在,
자 로 문　　문 사 행 저　　자 왈　　유 부 형 재

如之何其聞斯行之?" 冉有問 : "聞斯行諸?" 子曰 :
여 지 하 기 문 사 행 지　염 유 문　　문 사 행 저　　자 왈

"聞斯行之." 公西華曰 : "由也問'聞斯行諸', 子曰
문 사 행 지　공 서 화 왈　　유 야 문 문 사 행 저　　자 왈

'有父兄在' ; 求也問'聞斯行諸', 子曰 '聞斯行之'.
유 부 형 재　　구 야 문 문 사 행 저　자 왈 문 사 행 지

赤也惑, 敢問." 子曰 : "求也退, 故進之 ; 由也兼人,
적 야 혹　감 문　　자 왈　　구 야 퇴　고 진 지　유 야 겸 인

故退之."
고 퇴 지

11-22
뒤처진 안회

공자께서 광 땅에서 위험에 빠졌을 때 안연이 뒤처졌다. 공
자께서 말씀하셨다.

"나는 네가 죽은 줄 알았구나."

안연이 말했다.

"선생님께서 계신데 제가 어찌 감히 죽겠습니까?"

子畏於匡, 顔淵後. 子曰 : "吾以女爲死矣." 曰 :
자 외 어 광   안 연 후   자 왈   오 이 녀 위 사 의   왈

"子在, 回何敢死?"
자 재   회 하 감 사

11-23
대신과 구신

계자연계씨의 아들이 물었다.

"중유와 염구는 대신이라고 할 만합니까?"

공자께서 말씀하셨다.

"나는 당신이 뭔가 다른 것을 물으리라 여겼는데 유와 구에 대한 질문이군요. 이른바 대신이란 도로써 임금을 섬기다가, 뜻을 이룰 수 없으면 그만둡니다. 지금 유와 구는 머릿수를 채우는 신하라고 할 수 있습니다."

계자연이 말했다.

"그렇다면 임금의 뜻을 따르는 사람들입니까?"

공자께서 말씀하셨다.

"아버지와 임금을 시해하는 사람을 따르지는 않을 겁니다."

季子然問 : "仲由·冉求可謂大臣與?" 子曰 :
계자연문   중유염구가위대신여   자왈

"吾以子爲異之問, 曾由與求之問. 所謂大臣者 :
오이자위이지문 증유여구지문 소위대신자

以道事君, 不可則止. 今由與求也, 可謂具臣矣."
이도사군 불가즉지 금유여구야 가위구신의

曰 : "然則從之者與?" 子曰 : "弑父與君,
왈   연즉종지자여   자왈   시부여군

亦不從也."
역부종야

11-24
말재주를 경계하다

자로가 자고를 비 땅의 읍재로 추천했다. 공자께서 말씀하셨다.

"남의 자식을 망치는구나!"

자로가 말했다.

"다스릴 백성이 있고 받들 사직이 있습니다. 어찌 반드시 글을 읽은 후에야 학문을 한다고 하겠습니까?"

공자께서 말씀하셨다.

"이래서 말재주 있는 사람을 미워하는 것이다."

子路使子羔爲費宰. 子曰 : "賊夫人之子." 子路曰 :
자 로 사 자 고 위 비 재   자 왈   적 부 인 지 자   자 로 왈

"有民人焉, 有社稷焉. 何必讀書, 然後爲學?"
유 민 인 언   유 사 직 언   하 필 독 서   연 후 위 학

子曰 : "是故惡夫佞者."
자 왈   시 고 오 부 녕 자

11-25
제자들의 포부

자로·증석·염유·공서화가 선생님을 모시고 앉아 있었다.

공자께서 말씀하셨다.

"내가 너희보다 나이는 좀 더 많지만 어려워하지 마라. 너희 는 평소에 '나를 알아주지 않는다' 했는데 만약 너희를 알아 준다면 어떻게 하겠느냐?"

자로가 불쑥 나서서 대답했다.

"천승의 나라가 큰 나라 사이에 끼어 침략을 당하고 이로 인 해 기근이 든 상황에서 제가 그 나라를 다스린다면, 삼 년 안 에 백성을 용감하게 하고 의로움을 알게 할 수 있습니다."

공자께서 씨익 웃으셨다.

"염구야, 너는 어찌하겠느냐?"

염구가 대답했다.

"사방 육칠십 리 혹은 오륙십 리의 땅을 제가 다스린다면, 삼 년 안에 백성을 풍족하게 할 수 있습니다. 예악의 경우에는 군자를 기다리겠습니다."

"적^{공서화}아, 너는 어찌하겠느냐?"

적이 대답했다.

"제가 잘해서 말씀드리는 것이 아니라 배우기를 원합니다. 종묘에서 제사 지내는 일과 제후들의 회동에서 검은 예복과 예관을 갖추고 군주를 돕는 소상이 되고 싶습니다."

"점^{증석}아, 너는 어찌하겠느냐?"

비파 소리가 잦아들더니 뎅 하고 비파를 내려놓고 일어서서 대답했다.

"세 사람의 일과는 다릅니다."

공자께서 말씀하셨다. "무슨 상관이 있겠느냐? 또한 각기 자기의 뜻을 말하는 것이다."

증석이 말했다.

"늦은 봄에 봄옷이 만들어지면, 어른 대여섯 명과 어린 아이 예닐곱 명과 함께 기수에서 목욕하고 무우에서 바람을 쐬고, 노래를 부르며 돌아오겠습니다."

공자께서 감탄하시며 말씀하셨다.

"나는 점과 함께하련다."

세 사람이 나가고 증석이 뒤에 남았다. 증석이 물었다.

"저 세 사람의 말이 어떻습니까?"

공자께서 말씀하셨다.

"또한 각각 자기의 뜻을 이야기했을 뿐이다."

"선생님께서는 무엇 때문에 유의 말에 씨익 웃으셨습니까?"

"나라를 다스리는 것은 예로써 해야 하는데, 그의 말이 겸손하지 않았기 때문에 씨익 웃은 것이다."

"구의 경우는 나라를 다스리는 것이 아닙니까?"

"어찌 육칠십 리 또는 오륙십 리인데 나라를 다스리는 일이 아니라 하겠는가?"

"적의 경우는 나라를 다스리는 것이 아닙니까?"

"종묘의 일과 회동하는 일이 제후의 일이 아니고 무엇이겠는가? 적이 작은 일을 맡는다면 누가 큰일을 하겠느냐?"

子路, 曾晳, 冉有, 公西華侍坐.
자로 증석 염유 공서화시좌

子曰 : "以吾一日長乎爾, 毋吾以也.
자왈 이오일일장호이 무오이야

居則曰 : '不吾知也!' 如或知爾, 則何以哉?"
거 즉 왈 불오지야 여혹지이 즉하이재

子路率爾而對曰：“千乘之國, 攝乎大國之間,
자 로 솔 이 이 대 왈　천 승 지 국 섭 호 대 국 지 간

加之以師旅, 因之以饑饉; 由也爲之, 比及三年,
가 지 이 사 려 인 지 이 기 근 유 야 위 지　비 급 삼 년

可使有勇, 且知方也.”夫子哂之.“求! 爾何如?”
가 사 유 용 차 지 방 야 부 자 신 지 구 이 하 여

對曰：“方六七十, 如五六十, 求也爲之, 比及三年,
대 왈　방 륙 칠 십 여 오 륙 십 구 야 위 지 비 급 삼 년

可使足民. 如其禮樂, 以俟君子.”“赤! 爾何如?”
가 사 족 민 여 기 례 악 이 사 군 자 적 이 하 여

對曰：“非曰能之, 願學焉. 宗廟之事, 如會同,
대 왈　비 왈 능 지 원 학 언 종 묘 지 사 여 회 동

端章甫, 願爲小相焉.”“點! 爾何如?”鼓瑟希, 鏗爾,
단 장 보 원 위 소 상 언 점 이 하 여 고 슬 희 갱 이

舍瑟而作. 對曰：“異乎三子者之撰.”子曰：
사 슬 이 작 대 왈　이 호 삼 자 자 지 선 자 왈

“何傷乎? 亦各言其志也.”曰：“莫春者, 春服既成.
하 상 호 역 각 언 기 지 야 왈　모 춘 자 춘 복 기 성

冠者五六人, 童子六七人, 浴乎沂, 風乎舞雩,
관 자 오 륙 인 동 자 륙 칠 인 욕 호 기 풍 호 무 우

詠而歸.”夫子喟然歎曰：“吾與點也!”三子者出,
영 이 귀 부 자 위 연 탄 왈　오 여 점 야 삼 자 자 출

曾皙後. 曾皙曰：“夫三子者之言何如?”子曰：
증 석 후 증 석 왈　부 삼 자 자 지 언 하 여 자 왈

“亦各言其志也已矣.”曰：“夫子何哂由也?”曰：
역 각 언 기 지 야 이 의 왈　부 자 하 신 유 야 왈

“爲國以禮, 其言不讓, 是故哂之.”
위 국 이 례 기 언 불 양 시 고 신 지

“唯求則非邦也與?”
유 구 즉 비 방 야 여

“安見方六七十如五六十而非邦也者?”
안 견 방 륙 칠 십 여 오 륙 십 이 비 방 야 자

"唯赤則非邦也與?" "宗廟會同, 非諸侯而何?
유적즉비방야여   종묘회동 비제후이하

赤也爲之小, 孰能爲之大?"
적 야 위 지 소   숙 능 위 지 대

논어

12편

안연(顔淵)

12-1
극기복례

안연이 인에 대해 물었다. 공자께서 말씀하셨다.

"자기를 이기고 예로 돌아가는 것이 인을 실천하는 것이다. 하루라도 자기를 이겨 예로 돌아가면 천하 사람이 인으로 돌아간다. 인을 실천하는 것이 자신에게 달려 있지 다른 사람에게 달려 있겠느냐?"

안연이 말했다.

"구체적인 조목을 묻습니다."

공자께서 말씀하셨다.

"예가 아니면 보지 말고, 예가 아니면 듣지 말고, 예가 아니면 말하지 말고, 예가 아니면 움직이지 마라."

안연이 말했다.

"제가 비록 부족하지만 이 말씀을 실천하도록 하겠습니다."

顔淵問仁. 子曰 : "克己復禮爲仁. 一日克己復禮,
안 연 문 인 자 왈   극 기 복 례 위 인   일 일 극 기 복 례

天下歸仁焉. 爲仁由己, 而由人乎哉?"
천 하 귀 인 언 위 인 유 기 이 유 인 호 재

顔淵曰 : "請問其目." 子曰 : "非禮勿視, 非禮勿聽,
안 연 왈   청 문 기 목 자 왈   비 례 물 시 비 례 물 청

非禮勿言, 非禮勿動." 顔淵曰 : "回雖不敏,
비 례 물 언 비 례 물 동 안 연 왈   회 수 불 민

請事斯語矣."
청 사 사 어 의

12-2
기소불욕 물시어인

중궁이 인에 대해 물었다. 공자께서 말씀하셨다.

"문밖에 나갔을 때는 마치 큰손님을 뵙는 듯이 하고, 백성을 부릴 때는 마치 큰 제사를 받들듯이 하며, 자기가 원하지 않는 일을 남에게 시키지 말아야 한다. 이렇게 하면 나라에서도 원망이 없고 집안에서도 원망이 없을 것이다."

중궁이 말했다.

"제가 비록 부족하지만 이 말씀을 실천하도록 하겠습니다."

仲弓問仁. 子曰 : "出門如見大賓, 使民如承大祭.
중궁문인 자왈　　출문여견대빈　사민여승대제

己所不欲, 勿施於人. 在邦無怨, 在家無怨."
기소불욕　물시어인　재방무원　재가무원

仲弓曰 : "雍雖不敏, 請事斯語矣."
중궁왈　　옹수불민　청사사어의

12-3
사마우가 묻다 ①

사마우가 인에 대해 물었다. 공자께서 말씀하셨다.

"어진 사람은 말하는 것을 어렵게 여긴다."

사마우가 말했다.

"말하는 것을 어렵게 여기면, 인이라 할 수 있습니까?"

공자께서 말씀하셨다.

"인을 실천하기 어려우니, 말하는 것을 어렵게 여기지 않을

수 있겠느냐?"

司馬牛問仁. 子曰 : "仁者, 其言也訒." 曰 :
사 마 우 문 인 자 왈   인 자 기 언 야 인   왈

"其言也訒, 斯謂之仁已乎?" 子曰 : "爲之難,
기 언 야 인 사 위 지 인 이 호   자 왈   위 지 난

言之得無訒乎?"
언 지 득 무 인 호

12-4
사마우가 묻다 ②

사마우가 군자에 대해 물었다. 공자께서 말씀하셨다.

"군자는 근심하지 않고 두려워하지 않는다."

사마우가 말했다.

"근심하지 않고 두려워하지 않으면, 그 사람을 군자라 할 수

있습니까?"

공자께서 말씀하셨다.

"안으로 살펴 부끄러움이 없으면, 무엇을 근심하고 무엇을

두려워하겠느냐?"

司馬牛問君子. 子曰：“君子不憂不懼.” 曰：
사 마 우 문 군 자　　자 왈　　　군 자 불 우 불 구　　　왈

“不憂不懼, 斯謂之君子已乎?” 子曰：“內省不疚,
　불 우 불 구　　사 위 지 군 자 이 호　　　자 왈　　　내 성 불 구

夫何憂何懼?”
　부 하 우 하 구

12-5
사마우가 묻다 ③

사마우가 근심스럽게 말했다.

"다른 사람들은 모두 형제가 있는데 저만 홀로 없습니다."

자하가 말했다.

"제가 듣기로 죽고 사는 것은 운명이고 부귀는 하늘에 달려 있다고 했습니다. 군자가 공경하여 실수가 없고 남에게 공손하여 예의가 있으면, 온 세상 사람들이 모두 형제가 될 것입니다. 군자가 어찌 형제가 없다고 근심하겠습니까?"

司馬牛憂曰 : "人皆有兄弟, 我獨亡." 子夏曰 :
사 마 우 우 왈   인 개 유 형 제   아 독 무   자 하 왈

"商聞之矣 : 死生有命, 富貴在天. 君子敬而無失,
 상 문 지 의   사 생 유 명   부 귀 재 천   군 자 경 이 무 실

與人恭而有禮, 四海之內, 皆兄弟也.
여 인 공 이 유 례   사 해 지 내   개 형 제 야

君子何患乎無兄弟也?"
군 자 하 환 호 무 형 제 야

12-6
참소와 하소연

자장이 밝음에 대해 물었다. 공자께서 말씀하셨다.

"서서히 젖어 드는 참소와 피부에 와닿는 절박한 하소연이 통하지 않는다면 밝음이라고 할 수 있다. 서서히 젖어 드는 참소와 피부에 와닿는 절박한 하소연이 통하지 않는다면 멀리 본다고 할 수 있다."

子張問明. 子曰：“浸潤之譖, 膚受之愬, 不行焉,
자 장 문 명 자 왈   침 윤 지 참 부 수 지 소 불 행 언

可謂明也已矣. 浸潤之譖, 膚受之愬, 不行焉,
가 위 명 야 이 의 침 윤 지 참 부 수 지 소 불 행 언

可謂遠也已矣.”
가 위 원 야 이 의

12-7
믿음이 중요하다

자공이 정치에 대해 물었다. 공자께서 말씀하셨다.

"식량을 풍족하게 하는 것, 군대를 확충하는 것, 백성이 그를 믿도록 하는 것이다."

자공이 말했다.

"어쩔 수 없이 한 가지를 버려야 한다면 세 가지 가운데 어느 것을 먼저 버려야 합니까?"

공자께서 말씀하셨다.

"군대를 버려야 한다."

"어쩔 수 없이 한 가지를 버려야 한다면 두 가지 가운데 어느 것을 먼저 버려야 합니까?"

공자께서 말씀하셨다.

"식량을 버려야 한다. 예로부터 누구나 죽기 마련이지만, 백성이 믿어 주지 않으면 정치가 바로 서지 않는다."

子貢問政. 子曰:"足食, 足兵, 民信之矣."子貢曰
자 공 문 정 자 왈   족 식 족 병 민 신 지 의   자 공 왈

:"必不得已而去, 於斯三者何先?"曰:"去兵."
  필 부 득 이 이 거 어 사 삼 자 하 선   왈   거 병

子貢曰:"必不得已而去, 於斯二者何先?"曰:
자 공 왈   필 부 득 이 이 거 어 사 이 자 하 선   왈

"去食. 自古皆有死, 民無信不立."
 거 식 자 고 개 유 사 민 무 신 불 립

12-8
바탕과 꾸밈의 조화

극자성^{위나라 대부}이 말했다.

"군자는 바탕을 갖출 뿐이다. 어찌 꾸밈이 필요하겠는가?"

자공이 말했다.

"애석하다! 그분 말씀은 군자에 대한 것이지만, 네 마리 말
이 끄는 수레도 말실수를 따라잡지 못할 것이다. 꾸밈은 바
탕과 같고 바탕도 꾸밈과 같다. 호랑이와 표범의 가죽에 털
이 없다면 개와 양의 털 없는 가죽과 같다."

棘子成曰:"君子質而已矣, 何以文爲?" 子貢曰:
극자성왈   군자질이이의 하이문위   자공왈
"惜乎! 夫子之說, 君子也. 駟不及舌. 文猶質也,
석호 부자지설 군자야 사불급설 문유질야
質猶文也. 虎豹之鞹猶犬羊之鞹."
질유문야 호표지곽유견양지곽

12-9
백성이 풍족하다면

애공이 유약에게 물었다.

"한 해에 기근이 들어 나라에 쓸 것이 부족하면 어떻게 합니까?"

유약이 대답했다.

"어찌 십분의 일의 세금을 거두는 철법을 쓰지 않으십니까?"

애공이 말했다.

"십분의 이도 나는 오히려 부족한데 어떻게 십분의 일을 거두는 철법을 쓰겠습니까?"

유약이 대답했다.

"백성이 풍족하다면 임금께서 누구와 더불어 부족하시겠습니까? 백성이 부족하다면 임금께서 누구와 더불어 풍족하시겠습니까?"

哀公問於有若曰：“年饑, 用不足, 如之何?”
애 공 문 어 유 약 왈　　　연 기　용 부 족　여 지 하

有若對曰：“盍徹乎?”曰：“二, 吾猶不足,
유 약 대 왈　　　합 철 호　　왈　　이　오 유 부 족

如之何其徹也?”對曰：“百姓足, 君孰與不足?
여 지 하 기 철 야　　대 왈　　백 성 족　군 숙 여 부 족

百姓不足, 君孰與足?”
백 성 부 족　군 숙 여 족

12-10
덕과 미혹

자장이 덕을 높이고 미혹을 분별하는 법을 물었다. 공자께서 말씀하셨다.

"성실과 신의를 주로 하고, 의로 옮겨 간다면 덕을 높이는 것이다. 사랑하면 그가 살기를 바라고 미워하면 그가 죽기를 바란다. 이미 살기를 바라다가 또 죽기를 바라니 이것이 미혹이다. '참으로 부유하기 때문이 아니라 또한 다만 특이할 뿐이다'*라는 말이 있다."

子張問崇德辨惑. 子曰 : "主忠信, 徙義, 崇德也.
자 장 문 숭 덕 변 혹   자 왈   주 충 신   사 의   숭 덕 야

---

* 이 구절은 자장편 12장의 "아마도 이것을 말함일 것이다"(其斯之謂與) 구절 앞에 있어야 한다는 주가 있다. 이 책 546쪽 참조.

愛之欲其生, 惡之欲其死. 旣欲其生, 又欲其死,
애 지 욕 기 생 오 지 욕 기 사 기 욕 기 생 우 욕 기 사

是惑也. '誠不以富, 亦祗以異'."
시 혹 야 성 불 이 부 역 지 이 이

12-11
군군·신신·부부·자자

제경공이 공자에게 정치에 대해 물었다. 공자께서 대답하셨다.

"임금은 임금답고 신하는 신하다우며, 아버지는 아버지답고 아들은 아들다워야 합니다."

제경공이 말했다.

"훌륭하십니다! 진실로 임금이 임금답지 못하고 신하가 신하답지 못하며, 아버지가 아버지답지 못하고 아들이 아들답지 못하다면, 비록 곡식이 있더라도 제가 그것을 먹을 수 있겠습니까?"

齊景公問政於孔子. 孔子對曰 : "君君, 臣臣, 父父,
제 경 공 문 정 어 공 자 공 자 대 왈   군 군 신 신 부 부

子子." 公曰 : "善哉! 信如君不君, 臣不臣, 父不父,
자 자　공 왈　　선 재　신 여 군 불 군　신 불 신　부 불 부

子不子, 雖有粟, 吾得而食諸?"
자 부 자　수 유 속　오 득 이 식 저

12-12
자로의 판결

공자께서 말씀하셨다.

"한마디 말로 소송을 판결할 수 있는 사람은 유일 것이다."

자로는 판결을 묵히는 법이 없다.

子曰 : "片言可以折獄者, 其由也與?" 子路無宿諾.
자왈　　편언가이절옥자　기유야여　　자로무숙낙

12-13
송사가 없도록

공자께서 말씀하셨다.

"송사를 듣고 판결하는 것은 나도 다른 사람과 같다. 그러나
반드시 백성으로 하여금 송사가 없도록 하리라!"

子曰 : "聽訟, 吾猶人也. 必也使無訟乎!"
자 왈   청 송   오 유 인 야   필 야 사 무 송 호

12-14
정치하는 법

자장이 정치에 대해 물었다. 공자께서 말씀하셨다.

"마음가짐에 게으름이 없고, 일을 처리할 때는 성실히 해야

한다."

子張問政. 子曰 : "居之無倦, 行之以忠."
자 장 문 정   자 왈   거 지 무 권   행 지 이 충

12-15
학문을 널리 배우고

공자께서 말씀하셨다.

"학문을 널리 배우고 예로써 요약한다면, 또한 도리에 어긋
나지 않을 것이다!"

子曰 : "博學於文, 約之以禮, 亦可以弗畔矣夫!"
자 왈　　박 학 어 문　약 지 이 례　역 가 이 불 반 의 부

12-16
군자의 미덕

공자께서 말씀하셨다.

"군자는 다른 사람의 좋은 점을 이끌어 이루게 하고, 다른 사람의 나쁜 점을 경계하여 이루지 못하게 한다. 소인은 이와 반대이다."

子曰 : "君子成人之美, 不成人之惡. 小人反是."
자 왈　군자성인지미　불성인지악　소인반시

12-17
계강자가 정치를 묻다 ①

계강자가 공자에게 정치에 대해 물었다. 공자께서 대답하셨다.

"정치는 바로잡는 것입니다. 그대가 바름으로 이끌면, 누가 감히 바르게 하지 않겠습니까?"

季康子問政於孔子. 孔子對曰 : "政者, 正也.
계 강 자 문 정 어 공 자   공 자 대 왈   정 자   정 야

子帥以正, 孰敢不正?"
자 솔 이 정   숙 감 부 정

12-18
계강자가 정치를 묻다②

계강자가 도둑을 걱정하여 공자에게 물었다. 공자께서 대답
하셨다.
"진실로 그대가 욕심을 내지 않는다면, 비록 상을 주더라도
도둑질하지 않을 것입니다."

季康子患盜, 問於孔子. 孔子對曰 : "苟子之不欲,
계 강 자 환 도   문 어 공 자   공 자 대 왈   구 자 지 불 욕

雖賞之不竊."
수 상 지 부 절

12-19
계강자가 정치를 묻다③

계강자가 공자에게 정치에 대해 물었다.

"만일 무도한 자를 죽여서 올바른 도리로 나아가게 한다면 어떻겠습니까?"

공자께서 대답하셨다.

"그대는 정치를 하는 데 어찌 죽이는 방법을 쓰려고 하십니까? 그대가 선해지고자 하면 백성도 선해지는 것입니다. 군자의 덕은 바람이고 소인의 덕은 풀입니다. 풀 위에 바람이 불면, 풀은 반드시 눕게 마련입니다."

季康子問政於孔子曰:"如殺無道, 以就有道,
계 강 자 문 정 어 공 자 왈　　여 살 무 도　이 취 유 도
何如?"孔子對曰:"子爲政, 焉用殺? 子欲善,
하 여　　공 자 대 왈　　자 위 정　언 용 살　자 욕 선

而民善矣. 君子之德風, 小人之德草. 草上之風,
이민선의 군자지덕풍 소인지덕초 초상지풍

必偃."
필언

12-20
통달과 명성

자장이 물었다.

"선비는 어떻게 하면 통달했다 할 수 있습니까?"

공자께서 말씀하셨다.

"네가 말하는 통달이란 무엇이냐?"

자장이 대답했다.

"나라 안에서도 반드시 명성이 있고 집안에서도 반드시 명성이 있는 것입니다."

공자께서 말씀하셨다.

"이는 명성이 있는 것이지 통달한 것이 아니다. 통달한다는 것은 본바탕이 곧고 의를 좋아하며, 다른 사람의 말을 잘 헤아리고 얼굴빛을 잘 살피며, 신중하게 생각하여 다른 사람에게 자신을 낮추니, 나라 안에서도 반드시 통달하고 집안에서도 반드시 통달하게 된다. 명성이 있다는 것은 얼굴빛은 인을 취하나 행실은 어긋나는 것이다. 그렇게 살면서도 의심조차 없으니, 나라 안에서도 반드시 명성이 있고 집안에서도 반드시 명성이 있게 된다."

子張問 : "士何如斯可謂之達矣?" 子曰 : "何哉,
자장문   사하여사가위지달의   자왈   하재
爾所謂達者?" 子張對曰 : "在邦必聞, 在家必聞."
이소위달자   자장대왈   재방필문 재가필문
子曰 : "是聞也, 非達也. 夫達也者, 質直而好義,
자왈   시문야 비달야 부달야자 질직이호의
察言而觀色, 慮以下人. 在邦必達, 在家必達.
찰언이관색 여이하인 재방필달 재가필달
夫聞也者, 色取仁而行違, 居之不疑. 在邦必聞,
부문야자 색취인이행위 거지불의 재방필문
在家必聞."
재가필문

12-21
번지, 덕과 미혹을 묻다

번지가 무우 땅에서 공자를 따라 노닐다가 물었다.

"덕을 높이고 악한 마음을 닦고 미혹을 분별하는 것에 대해 감히 묻습니다."

공자께서 말씀하셨다.

"훌륭한 질문이구나! 일을 먼저 하고 성과는 뒤로 미루면 덕을 높이는 것이 아니겠느냐? 자신의 부족한 점은 전적으로 고치고 다른 사람의 부족한 점을 탓하지 않으면 악한 마음을 닦는 것이 아니겠느냐? 한순간의 분노로 자신의 본분을 잊고 그 화가 부모에게까지 미치면 미혹이 아니겠느냐?"

樊遲從遊於舞雩之下, 曰 : "敢問崇德, 脩慝,
번지종유어무우지하 왈   감문숭덕 수특

辨惑." 子曰 : "善哉問! 先事後得, 非崇德與?
변혹   자왈   선재문 선사후득 비숭덕여

攻其惡, 無攻人之惡, 非脩慝與? 一朝之忿,
공 기 악　무 공 인 지 악　비 수 특 여　일 조 지 분

忘其身, 以及其親, 非惑與?"
망 기 신　이 급 기 친　비 혹 여

12-22
번지, 인과 지를 묻다

번지가 인에 대해 물었다. 공자께서 말씀하셨다.

"사람을 사랑하는 것이다."

번지가 지에 대해 물었다. 공자께서 말씀하셨다.

"사람을 알아보는 것이다."

번지가 그 뜻을 통달하지 못하자 공자께서 말씀하셨다.

"정직한 사람을 등용하고 모든 부정한 사람을 버리면, 부정한 사람을 바르게 만들 수 있다."

번지가 물러 나와 자하를 보고 말했다.

"조금 전에 제가 선생님을 뵙고 지에 대해 물었더니 선생님께서 말씀하시길 '정직한 사람을 등용하고 모든 부정한 사람을 버리면, 부정한 사람을 바르게 만들 수 있다'라고 하셨는데 무슨 뜻일까요?"

자하가 말했다.

"훌륭한 말씀이구나! 순임금이 천하를 다스리실 때 많은 사람 중에 선발하여 고요를 등용하시니 어질지 못한 사람이 멀리 사라졌다. 탕임금이 천하를 다스릴 때 많은 사람 중에 선발하여 이윤을 등용하시니 어질지 못한 사람이 멀리 사라졌다."

樊遲問仁. 子曰:"愛人." 問知. 子曰, "知人."
번지문인 자왈   애인   문지 자왈   지인

樊遲未達. 子曰:"擧直錯諸枉, 能使枉者直."
번지미달 자왈   거직조제왕 능사왕자직

樊遲退, 見子夏. 曰:"鄕也吾見於夫子而問知,
번지퇴 견자하 왈   향야오현어부자이문지

子曰, '擧直錯諸枉, 能使枉者直',
자왈   거직조제왕 능사왕자직

何謂也?" 子夏曰:"富哉言乎! 舜有天下, 選於衆,
하위야   자하왈   부재언호 순유천하 선어중

擧皐陶, 不仁者遠矣. 湯有天下, 選於衆, 擧伊尹,
거고요 불인자원의 탕유천하 선어중 거이윤

不仁者遠矣."
불인자원의

12-23
충고하는 법

자공이 벗에 대해 물었다. 공자께서 말씀하셨다.

"성심껏 충고해 주고 잘 이끌어야 한다. 안 되면 그만두어

스스로를 욕되게 하지 마라."

子貢問友. 子曰 : "忠告而善道之, 不可則止,
자공문우   자왈   충고이선도지 불가즉지

毋自辱焉."
무자욕언

12-24
이문회우

증자가 말했다.

"군자는 학문으로써 벗을 모으고, 벗으로써 인을 보완한다."

曾子曰 : "君子以文會友, 以友輔仁."
증 자 왈　　군 자 이 문 회 우　 이 우 보 인

논어

13편

자로(子路)

13-1
정치는 솔선수범

자로가 정치에 대해 물었다. 공자께서 말씀하셨다.

"솔선수범하고 열심히 일해야 한다."

좀 더 말씀해 주기를 청했다. 공자께서 말씀하셨다.

"게을리하지 말아야 한다."

子路問政. 子曰 : "先之勞之." 請益. 曰 : "無倦."
자 로 문 정   자 왈   선 지 로 지   청 익   왈   무 권

13-2
중궁이 정치를 묻다

중궁이 계씨의 가신이 되어 정치에 대해 물었다. 공자께서
말씀하셨다.

"먼저 실무는 담당자에게 맡기고, 작은 잘못은 용서해 주며,
현명한 사람과 재주 있는 사람을 등용해야 한다."

중궁이 말했다.

"어떻게 현명한 사람과 재주 있는 사람을 미리 알고 등용합
니까?"

공자께서 말씀하셨다.

"네가 아는 사람을 등용하면 네가 모르는 사람을 사람들이
어찌 버려두겠는가?"

仲弓爲季氏宰, 問政. 子曰 : "先有司, 赦小過,
중 궁 위 계 씨 재　 문 정　 자 왈　　 선 유 사　 사 소 과

擧賢才."曰:"焉知賢才而擧之?"曰:"擧爾所知.
거 현 재   왈   언 지 현 재 이 거 지   왈   거 이 소 지

爾所不知, 人其舍諸?"
이 소 부 지   인 기 사 저

13-3
정치에서 먼저 할 것

자로가 말했다.

"위나라 임금이 선생님을 대우하여 정치를 한다면, 선생님께서는 장차 무엇을 먼저 하시겠습니까?"

공자께서 말씀하셨다.

"반드시 이름을 바로잡겠다!"

자로가 말했다.

"이렇다니까요. 선생님께서는 참 현실에 어두우십니다! 어찌 이름을 바로잡겠다고 하십니까?"

공자께서 말씀하셨다.

"거칠구나, 유야! 군자는 자기가 알지 못하는 것에 대해서는 대개 말하지 않는 법이다. 이름이 바르지 못하면 말이 이치에 맞지 않고, 말이 이치에 맞지 않으면 나라 일이 이루어지지 않으며, 나라 일이 이루어지지 않으면 예악이 흥하지 못한다. 예악이 흥하지 못하면 형벌이 적중하지 않고, 형벌이 적중하지 않으면, 백성이 손발을 어디에 두어야 할지 모른다. 그러니 군자는 이름을 바로잡으면 반드시 그에 대해 말할 수 있고, 말을 하면 반드시 실천을 할 수 있다. 군자는 그 말에 대해 구차함이 없어야 한다."

子路曰 : "衛君待子而爲政, 子將奚先?" 子曰
자 로 왈   위 군 대 자 이 위 정   자 장 해 선   자 왈

: "必也正名乎!" 子路曰 : "有是哉, 子之迂也!
필 야 정 명 호   자 로 왈   유 시 재 자 지 우 야

奚其正?" 子曰 : "野哉由也! 君子於其所不知,
해 기 정   자 왈   야 재 유 야   군 자 어 기 소 부 지

蓋闕如也. 名不正, 則言不順 ; 言不順, 則事不成
개 궐 여 야   명 부 정   즉 언 불 순   언 불 순 즉 사 불 성

; 事不成, 則禮樂不興 ; 禮樂不興, 則刑罰不中 ;
사 불 성   즉 례 악 불 흥   예 악 불 흥   즉 형 벌 부 중

刑罰不中, 則民無所錯手足. 故君子名之必可言也,
형 벌 부 중   즉 민 무 소 조 수 족   고 군 자 명 지 필 가 언 야

言之必可行也. 君子於其言, 無所苟而已矣."
언 지 필 가 행 야   군 자 어 기 언   무 소 구 이 이 의

13-4
번지가 농사를 묻다

번지가 농사짓는 법을 배우고자 했다. 공자께서 말씀하셨다.

"나는 노련한 농부만 못하다."

채소를 가꾸는 법을 배우고자 했다. 공자께서 말씀하셨다.

"나는 채소 가꾸는 노련한 농부만 못하다."

번지가 나가자 공자께서 말씀하셨다.

"소인이구나, 번수^{번지}는! 윗사람이 예를 좋아하면 백성이 감히 공경하지 않을 수 없고, 윗사람이 의를 좋아하면 백성이 감히 복종하지 않을 수 없으며, 윗사람이 신의를 좋아하면 백성이 감히 진실하게 행동하지 않을 수 없다. 이렇게 하면 천하의 백성이 자식을 포대기에 싸서 업고 모여들 것이다. 어찌 농사를 짓겠는가?"

樊遲請學稼. 子曰 : "吾不如老農."
번지청학가 자왈   오불여로농

請學爲圃. 曰 : "吾不如老圃." 樊遲出. 子曰 :
청학위포 왈   오불여로포   번지출 자왈

"小人哉, 樊須也! 上好禮, 則民莫敢不敬 ; 上好義,
소인재 번수야   상호례 즉민막감불경   상호의

則民莫敢不服 ; 上好信, 則民莫敢不用情. 夫如是,
즉민막감불복   상호신 즉민막감불용정   부여시

則四方之民襁負其子而至矣, 焉用稼?"
즉사방지민강부기자이지의   언용가

13-5
시를 외워도

공자께서 말씀하셨다.

"시 삼백 편을 외운다 해도, 정치를 맡겼는데 잘 해내지 못하고, 사방에 사신으로 가서 전적으로 대응하지 못한다면, 비록 시를 많이 외운다고 하더라도 또한 어디에 쓰겠는가?"

子曰 : "誦詩三百, 授之以政, 不達 ; 使於四方,
　　　　송 시 삼 백　수 지 이 정　부 달　　시 어 사 방
자 왈

不能專對, 雖多, 亦奚以爲?"
불 능 전 대　수 다　역 해 이 위

13-6
자신부터 바르게

공자께서 말씀하셨다.

"윗사람이 자신을 바르게 하면 명령을 내리지 않아도 알아서 행동하겠지만, 자신을 바르게 하지 못하면 비록 명령을 내리더라도 따르지 않을 것이다."

子曰 : "其身正, 不令而行 ; 其身不正, 雖令不從."
자 왈　기 신 정　불 령 이 행　기 신 부 정　수 령 부 종

13-7
노나라와 위나라

공자께서 말씀하셨다.

"노나라와 위나라의 정치 상황은 형제간처럼 닮았다."

子曰 : "魯衛之政, 兄弟也."
자 왈   노 위 지 정   형 제 야

13-8
위나라 공자 형

공자께서 위나라 공자 형에 대해 말씀하셨다.

"그는 집안을 잘 다스렸다. 처음 재물이 생겼을 때 말했다. '그런대로 모아졌다.' 재물이 다소 늘어났을 때 말했다. '그런대로 다 갖추었다.' 부유하게 되자 말했다. '그런대로 아름답다.'"

子謂衛公子荊, "善居室. 始有, 曰 : '苟合矣.' 少有,
자 위 위 공 자 형   선 거 실   시 유   왈   구 합 의   소 유
曰 : '苟完矣.' 富有, 曰 : '苟美矣.'"
왈   구 완 의   부 유 왈   구 미 의

13-9
백성이 많으면

공자께서 위나라로 가실 때 염유가 수레를 몰았다. 공자께서 말씀하셨다.

"백성들이 많구나!"

염유가 말했다.

"백성이 많아진 다음에는 또 무엇을 더해야 합니까?"

공자께서 말씀하셨다.

"부유하게 해야 한다."

염유가 말했다.

"부유해진 다음에는 또 무엇을 더해야 합니까?"

공자께서 말씀하셨다.

"가르쳐야 한다."

子適衛, 冉有僕. 子曰 : "庶矣哉!" 冉有曰 :
자 적 위 염유복 자 왈 서 의 재 염 유 왈

"旣庶矣, 又何加焉?" 曰 : "富之." 曰 : "旣富矣,
기 서 의 우 하 가 언 왈 부 지 왈 기 부 의

又何加焉?" 曰 : "敎之."
우 하 가 언 왈 교 지

13-10
내가 등용되면

공자께서 말씀하셨다.

"진실로 나를 등용하는 사람이 있다면, 일 년 만에 좋아지게 할 수 있다. 삼 년이면 크게 이룰 수 있다."

子曰 : "苟有用我者, 期月而已可也, 三年有成."
자왈　　구유용아자　기월이이가야　삼년유성

13-11
선인의 다스림

공자께서 말씀하셨다.

"선인이 나라를 다스리기를 백 년간 이어 간다면, 잔악함을 이기고 사형을 없앨 수 있다고 한다. 훌륭하구나, 이 말이여!"

子曰 : "善人爲邦百年, 亦可以勝殘去殺矣.
자 왈   선 인 위 방 백 년   역 가 이 승 잔 거 살 의
誠哉是言也!"
성 재 시 언 야

13-12
왕자가 나온다 해도

공자께서 말씀하셨다.

"만일 왕자가 나온다 해도 반드시 한 세대가 지난 후에야 백

성이 인해진다."

子曰 : "如有王者, 必世而後仁."
자왈   여유왕자 필세이후인

13-13
바른 정치

공자께서 말씀하셨다.

"진실로 자신을 바르게 한다면 정치를 하는 데 무슨 문제가

있겠는가? 자신을 바르게 하지 못한다면 어떻게 남을 바르

게 하겠는가?"

子曰 : "苟正其身矣, 於從政乎何有? 不能正其身,
자 왈   구 정 기 신 의 어 종 정 호 하 유 불 능 정 기 신

如正人何?"
여 정 인 하

13-14
나랏일이 아닌 까닭

염유가 조정의 일을 마치고 돌아왔다. 공자께서 말씀하셨다.

"어째서 늦었느냐?"

염유가 대답했다.

"나랏일이 있었습니다."

공자께서 말씀하셨다.

"계씨 집안의 일이었겠지. 만약 나랏일이 있었다면, 비록 내게 관직이 없어도 나도 그 일에 참여하여 들었을 것이다."

冉子退朝. 子曰 : "何晏也?" 對曰 : "有政." 子曰 :
염 자 퇴 조   자 왈   하 안 야   대 왈   유 정   자 왈

"其事也. 如有政, 雖不吾以, 吾其與聞之."
기 사 야   여 유 정   수 불 오 이   오 기 예 문 지

13-15
말의 힘

정공이 물었다.

"한마디 말로 나라를 일으킬 수 있다는데 그런 말이 있습니까?"

공자께서 대답하셨다.

"말로 그렇게 기약할 수는 없습니다. 하지만 사람들은 '임금 노릇 하기도 어렵고 신하 노릇 하기도 쉽지 않다'고 말합니다. 만일 임금 노릇 하기가 어렵다는 것을 안다면, 한마디 말로 나라를 일으키는 것을 기약할 수 있지 않겠습니까?"

정공이 말했다.

"한마디 말로 나라를 잃을 수 있다는데 그런 말이 있습니까?"

공자께서 대답하셨다.

"말로 그렇게 기약할 수는 없습니다. 사람들은 '나는 임금 노릇 하는 데 별다른 즐거움은 없지만 내가 말을 하면 어기지 않는 것이 즐거울 뿐이다' 하고 말합니다. 만일 임금의 말이 옳아서 어기지 않는다면 또한 좋지 않겠습니까? 만일 옳지 않은데도 어기지 않는다면 한마디 말로 나라를 잃는 것을 기약할 수 있지 않겠습니까?"

定公問 : "一言而可以興邦, 有諸?"
정 공 문　　일 언 이 가 이 흥 방　 유 저

孔子對曰 : "言不可以若是其幾也.
공 자 대 왈　　언 불 가 이 약 시 기 기 야

人之言曰 : '爲君難, 爲臣不易.' 如知爲君之難也,
인 지 언 왈　　위 군 난　위 신 불 이　 여 지 위 군 지 난 야

不幾乎一言而興邦乎?" 曰 : "一言而喪邦, 有諸?"
불 기 호 일 언 이 흥 방 호　　왈　　일 언 이 상 방　 유 저

　孔子對曰 : "言不可以若是其幾也. 人之言曰 :
　공 자 대 왈　　언 불 가 이 약 시 기 기 야　 인 지 언 왈

'予無樂乎爲君, 唯其言而莫予違也.'
여 무 락 호 위 군　 유 기 언 이 막 여 위 야

如其善而莫之違也, 不亦善乎? 如不善而莫之違也,
여 기 선 이 막 지 위 야　 불 역 선 호　 여 불 선 이 막 지 위 야

不幾乎一言而喪邦乎?"
불 기 호 일 언 이 상 방 호

13-16
섭공이 정치를 묻다

섭공이 정치에 대해 물었다. 공자께서 말씀하셨다.

"가까이 있는 사람은 기뻐하고, 멀리 있는 사람은 찾아오는

것입니다."

葉公問政. 子曰 : "近者說, 遠者來."
섭 공 문 정   자 왈   근 자 열   원 자 래

13-17
자하가 정치를 묻다

자하가 거보 땅의 읍재가 되어 정치에 대해 물었다. 공자께서 말씀하셨다.

"일을 빨리 이루려고 하지 말고, 작은 이익을 보지 마라. 일을 빨리 이루려 하면 달성할 수 없고, 작은 이익을 보면 큰일을 이룰 수 없다."

子夏爲莒父宰, 問政. 子曰 : "無欲速, 無見小利.
자 하 위 거 보 재   문 정   자 왈   무 욕 속   무 견 소 리
欲速, 則不達 ; 見小利, 則大事不成."
욕 속   즉 부 달   견 소 리   즉 대 사 불 성

13-18
양을 훔친 아버지

섭공이 공자에게 말했다.

"우리 마을에 정직한 사람이 있는데, 그 아버지가 양을 훔치자 아들이 그 일을 증언했습니다."

공자께서 말씀하셨다.

"우리 마을의 정직한 사람은 그와 다릅니다. 아버지는 아들을 위해 숨겨 주고, 아들은 아버지를 위해 숨겨 줍니다. 정직은 바로 그 가운데 있습니다."

葉公語孔子曰：
섭공어공자왈

"吾黨有直躬者, 其父攘羊, 而子證之."
오당유직궁자　기부양양　이자증지

孔子曰："吾黨之直者異於是. 父爲子隱, 子爲父隱,
공자왈　　오당지직자이어시　부위자은　자위부은

直在其中矣."
직재기중의

13-19
인을 실천하는 법

번지가 인에 대해 물었다. 공자께서 말씀하셨다.

"평소에는 공손하고, 일을 할 때는 삼가며, 다른 사람과 사
귈 때는 성실해야 한다. 비록 오랑캐 땅에 가더라도 이를 버
려서는 안 된다."

樊遲問仁. 子曰 : "居處恭, 執事敬, 與人忠.
번 지 문 인   자 왈   거 처 공   집 사 경   여 인 충

雖之夷狄, 不可棄也."
수 지 이 적   불 가 기 야

13-20
선비란

자공이 물었다.

"어떤 행동을 해야 선비라고 할 수 있습니까?"

공자께서 말씀하셨다.

"자신의 행동에 대해 부끄러워할 줄 알고, 다른 나라에 사신으로 가서 임금의 명을 욕되게 하지 않으면 선비라고 할 수 있다."

자공이 말했다.

"그 다음을 알고 싶습니다."

공자께서 말씀하셨다.

"일가친척이 효성스럽다고 칭찬하고 마을 사람이 공손하다고 칭찬하는 사람이다."

자공이 말했다.

"그 다음을 알고 싶습니다."

공자께서 말씀하셨다.

"말에는 반드시 신의가 있고 행동이 반드시 과감하다면 고지식한 소인이다! 그래도 그 다음은 될 수 있다."

자공이 말했다.

"지금 정치하는 사람들은 어떻습니까?"

공자께서 말씀하셨다.

"아아! 그릇이 작은 사람들까지 어찌 언급하겠는가."

子貢問曰：“何如斯可謂之士矣？”子曰：
자 공 문 왈　　하 여 사 가 위 지 사 의　　자 왈

“行己有恥, 使於四方, 不辱君命, 可謂士矣.”曰：
행 기 유 치　시 어 사 방　불 욕 군 명　가 위 사 의　　왈

“敢問其次.”曰：“宗族稱孝焉, 鄕黨稱弟焉.”曰：
감 문 기 차　　왈　　종 족 칭 효 언　향 당 칭 제 언　　왈

“敢問其次.”曰：“言必信, 行必果, 硜硜然小人哉！
감 문 기 차　　왈　　언 필 신　행 필 과　경 경 연 소 인 재

抑亦可以爲次矣.”曰：“今之從政者何如？”子曰：
억 역 가 이 위 차 의　　왈　　금 지 종 정 자 하 여　　자 왈

“噫! 斗筲之人, 何足算也.”
희　두 소 지 인　하 족 산 야

13-21
광자와 견자

공자께서 말씀하셨다.

"중도를 실천하는 사람과 함께할 수 없다면, 반드시 광자나 견자와 함께하리라! 광자는 진취적이고, 견자는 하지 않는 것이 있기 때문이다."

子曰 : "不得中行而與之, 必也狂狷乎! 狂者進取,
자 왈   부 득 중 항 이 여 지   필 야 광 견 호   광 자 진 취

狷者有所不爲也."
견 자 유 소 불 위 야

13-22
한결같아야 한다

공자께서 말씀하셨다.

"남쪽 사람들 말에 '사람이 한결같은 마음이 없으면, 무당이나 의원도 될 수 없다'고 했다. 좋은 말이로다!"

『주역』에 "그 덕이 한결같지 않으면 수치스러운 일을 당할 수도 있다".

공자께서 말씀하셨다.

"점을 치지 않아도 알 수 있다."

子曰：“南人有言曰：‘人而無恒, 不可以作巫醫.’
자 왈　　 남 인 유 언 왈　　 인 이 무 항　 불 가 이 작 무 의

善夫!”“不恒其德, 或承之羞.”子曰：
선 부　　 불 항 기 덕　 혹 승 지 수　　 자 왈

“不占而已矣.”
부 점 이 이 의

13-23
화이부동

공자께서 말씀하셨다.

"군자는 화합하고 같아지지 않는다. 소인은 같아지고 화합

하지 못한다."

子曰 : "君子和而不同, 小人同而不和."
자왈   군자화이부동 소인동이불화

13-24
좋아하고 미워하는 기준

자공이 물었다.

"마을 사람들이 모두 그를 좋아한다면 어떻습니까?"

공자께서 말씀하셨다.

"아직 충분하지 않다."

"마을 사람들이 모두 그를 미워한다면 어떻습니까?"

공자께서 말씀하셨다.

"아직 충분하지 않다. 마을 사람들이 모두 좋아하고 모두 미워하는 것은 마을의 선한 사람들이 좋아하고 불선한 사람들이 그를 미워하는 것만 못하다."

子貢問曰 : "鄕人皆好之, 何如?" 子曰 :
자 공 문 왈   향 인 개 호 지 하 여   자 왈

"未可也." "鄉人皆惡之, 何如?" 子曰 : "未可也,
미가야 향인개오지 하여 자왈 미가야

不如鄉人之善者好之, 其不善者惡之."
불여향인지선자호지 기불선자오지

13-25
군자와 소인의 섬김

공자께서 말씀하셨다.

"군자는 섬기기는 쉬워도 기쁘게 하기는 어렵다. 기쁘게 하기를 정당한 방법으로 하지 않으면 기뻐하지 않는다. 사람을 부릴 때는 그 사람의 그릇에 맞게 쓴다. 소인은 섬기기는 어려워도 기쁘게 하기는 쉽다. 그를 기쁘게 하기를 정당한 방법으로 하지 않더라도 기뻐한다. 사람을 부릴 때는 능력을 다 갖추기를 요구한다."

子曰 : "君子易事而難說也 : 說之不以道,
자왈   군자이사이난열야   열지불이도

不說也 ; 及其使人也, 器之. 小人難事而易說也 :
불열야   급기사인야   기지   소인난사이이열야

說之雖不以道, 說也 ; 及其使人也, 求備焉."
열지수불이도   열야   급기사인야   구비언

13-26
군자와 소인의 차이

공자께서 말씀하셨다.

"군자는 편안하지만 교만하지 않다. 소인은 교만하면서도 편안하지 않다."

子曰：“君子泰而不驕, 小人驕而不泰.”
자왈　　군자태이불교　소인교이불태

13-27
강의목눌

공자께서 말씀하셨다.

"강직함과 의연함과 질박함과 어눌함은 모두 인에 가깝다."

子曰 : "剛毅木訥, 近仁."
자 왈　　강 의 목 눌　근 인

13-28
선비가 사귀는 법

자로가 물었다.

"어떤 행동을 해야 선비라고 할 수 있습니까?"

공자께서 말씀하셨다.

"간절하고 자상하게 선을 권하고 화목하면 선비라고 할 수
있다. 벗과 사귈 때는 간절하고 자상하게 선을 권해야 하며
형제 사이에서는 화목해야 한다."

子路問曰 : "何如斯可謂之士矣?" 子曰 :
자 로 문 왈   하 여 사 가 위 지 사 의   자 왈

"切切·偲偲·怡怡如也, 可謂士矣. 朋友切切·偲偲,
절 절 시 시 이 이 여 야   가 위 사 의   붕 우 절 절 시 시

兄弟怡怡."
형 제 이 이

13-29
전쟁과 백성 ①

공자께서 말씀하셨다.

"선인이 백성을 칠 년 동안 가르친 후에라야 전쟁에 나아가

게 할 수 있다."

子曰 : "善人教民七年, 亦可以卽戎矣."
자 왈　　선 인 교 민 칠 년　　역 가 이 즉 융 의

13-30
전쟁과 백성 ②

공자께서 말씀하셨다.

"가르치지 않은 백성을 이끌고 전쟁을 하면 이들을 버리는
것이다."

子曰 : "以不敎民戰, 是謂棄之."
자 왈　　이 불 교 민 전　시 위 기 지

논어

14편

헌문(憲問)

14-1
원헌의 부끄러움

원헌이 부끄러움에 대해 물었다. 공자께서 말씀하셨다.

"나라에 도가 있을 때 제대로 일하지 않고 녹봉을 받고, 나라에 도가 없을 때 떠나지 않고 녹봉을 받는 것이 부끄러움이다."

憲問恥. 子曰 : "邦有道, 穀 ; 邦無道, 穀, 恥也."
헌 문 치 자 왈   방 유 도 곡   방 무 도 곡 치 야

14-2
인의 어려움

"이기려 하고 자랑하고 원망하고 욕심내는 것, 이것을 하지

않으면 인이라 할 수 있습니까?

공자께서 말씀하셨다.

"어려운 일이라고 할 수 있지만 인한지는 내가 모르겠다."

"克·伐·怨·欲不行焉, 可以爲仁矣?" 子曰 :
극 벌 원 욕 불 행 언 가 이 위 인 의   자 왈

"可以爲難矣, 仁則吾不知也."
가 이 위 난 의 인 즉 오 부 지 야

14-3
선비의 생각

공자께서 말씀하셨다.

"선비가 편안하기를 생각하면 선비라 할 수 없다."

子曰 : "士而懷居, 不足以爲士矣."
자 왈   사 이 회 거   부 족 이 위 사 의

14-4
도의 유무에 따라

공자께서 말씀하셨다.

"나라에 도가 있으면 말을 바르게 하고 행동도 바르게 해야

한다. 나라에 도가 없으면 행동은 바르게 하지만 말은 공손

히 해야 한다."

子曰：“邦有道, 危言危行 ; 邦無道, 危行言孫.”
자 왈　　방 유 도　위 언 위 행　　방 무 도　위 행 언 손

14-5
덕과 말, 인과 용기

공자께서 말씀하셨다.

"덕이 있는 사람은 반드시 훌륭한 말을 하지만, 말을 잘하는 사람이 반드시 덕이 있는 것은 아니다. 어진 사람은 반드시 용기가 있지만, 용기 있는 사람이 반드시 인한 것은 아니다."

子曰 : "有德者必有言, 有言者不必有德;
자 왈   유 덕 자 필 유 언 유 언 자 불 필 유 덕

仁者必有勇, 勇者不必有仁."
인 자 필 유 용 용 자 불 필 유 인

14-6
덕을 숭상하는 남궁괄

남궁괄이 공자께 물었다.

"예는 활을 잘 쏘았고 오는 힘이 세서 육지에서 배를 끌었지만 모두 제명에 죽지 못했습니다. 그러나 우임금과 후직은 몸소 농사를 지었지만 천하를 가졌습니다."

공자께서 대답하지 않으셨다.

남궁괄이 나가자 공자께서 말씀하셨다.

"군자로구나, 이 사람은! 덕을 숭상하는구나, 이 사람은!"

南宮适問於孔子曰 : "羿善射, 奡盪舟,
남 궁 괄 문 어 공 자 왈　　예 선 사　　오 탕 주

俱不得其死然 ; 禹稷躬稼, 而有天下." 夫子不答,
구 부 득 기 사 연　　우 직 궁 가　이 유 천 하　　부 자 부 답

南宮适出. 子曰 : "君子哉若人! 尙德哉若人!"
남 궁 괄 출　자 왈　　군 자 재 약 인　　상 덕 재 약 인

14-7
어짊의 조건

공자께서 말씀하셨다.

"군자이면서 어질지 못한 사람은 있어도, 소인이면서 어진
사람은 없다."

子曰, "君子而不仁者有矣夫, 未有小人而仁者也."
자 왈   군 자 이 불 인 자 유 의 부   미 유 소 인 이 인 자 야

14-8
사랑과 진심

공자께서 말씀하셨다.

"자식을 사랑한다면 수고롭게 하지 않을 수 있겠는가? 임금

에게 진심을 다한다면 깨우쳐 주지 않을 수 있겠는가?"

子曰 : "愛之, 能勿勞乎? 忠焉, 能勿誨乎?"
자 왈   애 지 능 물 로 호   충 언 능 물 회 호

14-9
정나라의 외교관들

공자께서 말씀하셨다.

"외교문서를 만들 때 비침은 초안을 잡고, 세숙은 토론하고,

외교관 자우가 첨삭하고, 동리 자산이 아름답게 다듬었다."

子曰 : "爲命 : 裨諶草創之, 世叔討論之,
자 왈　　위 명　　비 침 초 창 지　　세 숙 토 론 지

行人子羽脩飾之, 東里子産潤色之."
행 인 자 우 수 식 지　　동 리 자 산 윤 색 지

14-10
자산, 자서, 관중

어떤 사람이 자산에 대해 물었다. 공자께서 말씀하셨다.

"은혜로운 사람이다."

자서^{초나라 공자}에 대해 물었다. 공자께서 말씀하셨다.

"그 사람은 말하기 어렵구나!"

관중에 대해 물었다. 공자께서 말씀하셨다.

"그 사람은 백씨의 병읍 삼백 호를 차지했는데, 백씨가 거친

밥을 먹으면서도 평생토록 원망하는 말이 없었다."

或問子産. 子曰 : "惠人也."
혹 문 자 산　자 왈　　혜 인 야

問子西. 曰 : "彼哉! 彼哉!" 問管仲. 曰 : "人也.
문 자 서　왈　　피 재　피 재　문 관 중　왈　　인 야

奪伯氏騈邑三百, 飯疏食, 沒齒無怨言."
탈 백 씨 병 읍 삼 백　반 소 사　몰 치 무 원 언

14-11
가난과 부의 차이

공자께서 말씀하셨다.

"가난하면서 원망하지 않기는 어렵지만 부유하면서 교만하

지 않기는 오히려 쉽다."

子曰 : "貧而無怨難, 富而無驕易."
자 왈　빈 이 무 원 난　부 이 무 교 이

14-12
맹공작의 역량

공자께서 말씀하셨다.

"맹공작노나라 대부은 큰나라晉의 대부인 조씨와 위씨 집안 가
신들의 수장이 되기는 충분하지만, 작은 나라인 등나라와
설나라의 대부는 될 수 없다."

子曰：“孟公綽爲趙魏老則優, 不可以爲滕薛大夫.”
자 왈　　맹 공 작 위 조 위 로 즉 우　 불 가 이 위 등 설 대 부

14-13
인격이 완성된 사람

자로가 인격이 완성된 사람에 대해 물었다. 공자께서 말씀
하셨다.

"만일 장무중^{노나라 대부}의 지혜, 맹공작의 청렴, 변장자^{노나라 대}
^부의 용기, 염구의 다재다능을 갖추고 예악으로써 다듬으면
인격이 완성된 사람이라고 할 수 있다."

다시 말씀하셨다.

"지금의 인격이 완성된 사람이 어찌 그럴 수 있겠는가? 이
익을 보면 의를 생각하고 위험을 보면 목숨을 바치며, 오래
된 약속을 실천하여 평소의 말에서도 잊지 않는다면 또한
인격이 완성된 사람이라고 할 만하다."

子路問成人. 子曰 : "若臧武仲之知,
자 로 문 성 인   자 왈   약 장 무 중 지 지

公綽之不欲, 卞莊子之勇, 冉求之藝, 文之以禮樂,
공작지불욕 변장자지용 염구지예 문지이례악

亦可以爲成人矣."曰 : "今之成人者何必然?
역가이위성인의 왈 금지성인자하필연

見利思義, 見危授命, 久要不忘平生之言,
견리사의 견위수명 구요불망평생지언

亦可以爲成人矣."
역가이위성인의

14-14
공숙문자에 대한 평

공자께서 공숙문자^{위나라 대부}에 대해 공명가에게 물었다.

"진실로 그분께서는 말도 없고 웃지도 않고 가지려고 하지 않으시는가?"

공명가가 대답했다.

"그렇게 전한 사람이 지나칩니다. 그분께서는 때에 맞은 뒤에 말하니, 사람들이 그 말을 싫어하지 않습니다. 즐거운 뒤에 웃으니, 사람들이 그 웃음을 싫어하지 않습니다. 의에 맞은 뒤에 가지시니, 사람들이 그가 갖는 것을 싫어하지 않습니다."

공자께서 말씀하셨다.

"그러한가? 어찌 그럴 수 있겠는가?"

子問公叔文子於公明賈曰："信乎夫子不言·
자 문 공 숙 문 자 어 공 명 가 왈　　신 호 부 자 불 언

不笑·不取乎?"公明賈對曰："以告者過也.
불 소 불 취 호　　공 명 가 대 왈　　이 고 자 과 야

夫子時然後言, 人不厭其言; 樂然後笑,
부 자 시 연 후 언　인 불 염 기 언　낙 연 후 소

人不厭其笑; 義然後取, 人不厭其取."子曰：
인 불 염 기 소　 의 연 후 취　인 불 염 기 취　　자 왈

"其然? 豈其然乎?"
기 연　　기 기 연 호

14-15
임금을 협박한 장무중

공자께서 말씀하셨다.

"장무중이 방읍을 거점으로 노나라에 자신의 후계자를 세워 줄 것을 요구했다. 비록 임금에게 강요하지 않았다고 하지만 나는 믿을 수 없다."

子曰 : "臧武仲以防求爲後於魯, 雖曰不要君,
자왈   장무중이방구위후어노 수왈불요군
吾不信也."
오불신야

14-16
진문공과 제환공의 차이

공자께서 말씀하셨다.

"진문공은 속이고 바르지 않았으며, 제환공은 바르고 속이지 않았다."

子曰 : "晉文公譎而不正, 齊桓公正而不譎."
자 왈   진문공휼이부정   제환공정이불휼

14-17
관중의 업적 ①

자로가 말했다.

"환공이 공자 규를 죽이자 소홀은 죽었고 관중은 죽지 않았
으니, 인하지 못한 것이지요?"

공자께서 말씀하셨다.

"환공이 제후를 규합하면서도 군사력으로 하지 않은 것은
관중의 힘이었다. 누가 그의 인만 하겠는가! 누가 그의 인만
하겠는가!"

子路曰 : "桓公殺公子糾, 召忽死之, 管仲不死.
자 로 왈   환 공 살 공 자 규   소 홀 사 지   관 중 불 사

曰未仁乎?" 子曰 : "桓公九合諸侯, 不以兵車,
왈 미 인 호   자 왈   환 공 규 합 제 후   불 이 병 거

管仲之力也. 如其仁! 如其仁!"
관 중 지 력 야   여 기 인   여 기 인

14-18
관중의 업적 ②

자공이 말했다.

"관중은 인한 사람이 아니지요? 환공이 공자 규를 죽였는데 따라 죽지 않았고 또 환공을 도왔습니다."

공자께서 말씀하셨다.

"관중은 환공을 도와 제후들의 패자가 되게 했고, 천하를 한 번 바로잡아 백성이 지금까지 그 혜택을 받고 있다. 관중이 없었다면 우리는 머리를 풀고 옷깃을 왼쪽으로 여미는 오랑 캐가 되었을 것이다. 어찌 보통사람처럼 사소한 신의를 지 킨다고 스스로 도랑에서 목을 매어도 알아주는 사람이 없는 경우와 같겠는가."

子貢曰 : "管仲非仁者與? 桓公殺公子糾, 不能死,
자공왈　　관중비인자여　환공살공자규　불능사

又相之." 子曰 : "管仲相桓公, 霸諸侯, 一匡天下,
우 상 지   자 왈   관 중 상 환 공   패 제 후 일 광 천 하

民到于今受其賜. 微管仲, 吾其被髮左衽矣.
민 도 우 금 수 기 사 미 관 중   오 기 피 발 좌 임 의

豈若匹夫匹婦之爲諒也, 自經於溝瀆而莫之知也."
기 약 필 부 필 부 지 위 량 야 자 경 어 구 독 이 막 지 지 야

14-19
문이라는 시호

공숙문자의 가신인 대부 선이 공숙문자와 함께 조정의 신하
가 되었다. 공자께서 듣고 말씀하셨다.
"시호를 문이라 할 만하다."

公叔文子之臣大夫僎, 與文子同升諸公.
공 숙 문 자 지 신 대 부 선   여 문 자 동 승 제 공
子聞之曰 : "可以爲文矣."
자 문 지 왈   가 이 위 문 의

14-20
위나라의 현명한 신하들

공자께서 위나라 영공의 무도함을 말씀하시자, 계강자가 말했다.

"이와 같은데도 어찌 나라를 잃지 않았습니까?"

공자께서 말씀하셨다.

"중숙어가 나라의 손님 대접을 관장하고, 축타가 종묘의 제사를 담당하고, 왕손가는 군대를 다스렸습니다. 이와 같은데 어찌 나라를 잃겠습니까?"

子言衛靈公之無道也, 康子曰 : "夫如是,
자 언 위 령 공 지 무 도 야   강 자 왈   부 여 시

奚而不喪?" 孔子曰 : "仲叔圉治賓客, 祝鮀治宗廟,
해 이 불 상   공 자 왈   중 숙 어 치 빈 객 축 타 치 종 묘

王孫賈治軍旅. 夫如是, 奚其喪?"
왕 손 가 치 군 려 부 여 시   해 기 상

14-21
말하기의 부끄러움

공자께서 말씀하셨다.

"말하는 것을 부끄러워하지 않으면 실천하기 어렵다."

子曰 : "其言之不怍, 則爲之也難."
자 왈　　기 언 지 부 작　즉 위 지 야 난

14-22
공자의 간언

진성자^{제나라 대부} 진항가 간공을 시해했다. 공자께서 목욕재계하고 조정에 나가 애공에게 알렸다.

"진항이 그의 임금을 시해하였으니 그를 토벌하십시오."

애공이 말했다.

"세 대부*들에게 말하시오."

공자께서 말씀하셨다.

"내가 대부의 자리에 있었기 때문에 감히 고하지 않을 수 없었는데 임금께서는 세 대부들에게 말하라 하시는구나."

공자께서 세 대부들에게 가서 말했으나 모두 안 된다고 하자, 공자께서 말씀하셨다.

---

* 노애공 14년(B. C. 481년) 당시 노나라에서는 세 집안의 세력이 막강했기 때문에 노임금도 마음대로 할 수 없는 처지라 세 대부들과 의논하라고 한 것이다.

"내가 대부의 자리에 있었기 때문에 감히 고하지 않을 수 없었다."

陳成子弑簡公. 孔子沐浴而朝, 告於哀公曰:
진 성 자 시 간 공   공 자 목 욕 이 조   고 어 애 공 왈

"陳恒弑其君, 請討之." 公曰:"告夫三子!"
진 항 시 기 군   청 토 지   공 왈   고 부 삼 자

孔子曰:"以吾從大夫之後, 不敢不告也.
공 자 왈   이 오 종 대 부 지 후   불 감 불 고 야

君曰 '告夫三子'者." 之三子告, 不可. 孔子曰:
군 왈 고 부 삼 자 자   지 삼 자 고   불 가   공 자 왈

"以吾從大夫之後, 不敢不告也."
이 오 종 대 부 지 후   불 감 불 고 야

14-23
임금 섬기는 법

자로가 임금 섬기는 것에 대해 물었다.

공자께서 말씀하셨다. "속이지 말고 임금 앞에서 바른 말을

해야 한다."

子路問事君. 子曰 : "勿欺也, 而犯之."
자 로 문 사 군   자 왈   물 기 야   이 범 지

14-24
군자와 소인의 통달

공자께서 말씀하셨다.

"군자는 위로 통달하고 소인은 아래로 통달한다."

子曰 : "君子上達, 小人下達."
자 왈　　　군 자 상 달　소 인 하 달

14-25
위기지학 위인지학

공자께서 말씀하셨다.

"옛날 배우는 사람은 자신의 수양을 위해서 배웠다. 지금 배우는 사람은 남에게 인정받기 위해서 배운다."

子曰 : "古之學者爲己, 今之學者爲人."
자 왈　　고 지 학 자 위 기　금 지 학 자 위 인

14-26
거백옥의 심부름꾼

거백옥[*]이 공자에게 심부름꾼을 보냈다. 공자께서 그와 함께 앉아서 물었다.

"선생님께서는 어떻게 지내시느냐?"

심부름꾼이 대답했다.

"선생님께서는 실수를 줄이려 하시지만 아직 잘 되지 않는 듯합니다."

심부름꾼이 나가자 공자께서 말씀하셨다.

"훌륭한 심부름꾼이로구나! 훌륭한 심부름꾼이로구나!"

蘧伯玉使人於孔子. 孔子與之坐而問焉, 曰 :
거 백 옥 사 인 어 공 자　공 자 여 지 좌 이 문 언　왈

* 위나라 대부로 현명한 사람으로 알려져 있다. 공자가 위나라에 있을 때 거백옥의 집에서 머물렀다.

"夫子何爲?" 對曰 :"夫子欲寡其過而未能也."
부 자 하 위　　대 왈　　부 자 욕 과 기 과 이 미 능 야

使者出. 子曰 :"使乎! 使乎!"
사 자 출 자 왈　　사 호　　사 호

14-27
지위에 맞게 ①

공자께서 말씀하셨다.

"그 지위에 있지 않으면 그 정치를 도모하지 않는다."

子曰 : "不在其位, 不謀其政."
자 왈　　부 재 기 위　 불 모 기 정

14-28
지위에 맞게 ②

증자가 말했다.

"군자는 생각하는 것이 그 지위를 벗어나지 않는다."

曾子曰 : "君子思不出其位."
증 자 왈   군 자 사 불 출 기 위

14-29
군자의 말과 행동

공자께서 말씀하셨다.

"군자는 말은 부끄러워하고 행동은 말보다 여유 있게 한다."

子曰:"君子恥其言而過其行."
자 왈   군 자 치 기 언 이 과 기 행

14-30
군자의 세 가지 도

공자께서 말씀하셨다.

"군자의 도가 세 가지 있는데, 나는 실천을 못하고 있다. 어진 사람은 근심하지 않고, 지혜로운 사람은 미혹되지 않으며, 용기 있는 사람은 두려워하지 않는다."

자공이 말했다.

"선생님께서 자신에 대해 말씀하신 것이다."

子曰 : "君子道者三, 我無能焉 : 仁者不憂,
자 왈   군 자 도 자 삼   아 무 능 언   인 자 불 우

知者不惑, 勇者不懼." 子貢曰 : "夫子自道也."
지 자 불 혹   용 자 불 구   자 공 왈   부 자 자 도 야

14-31
자공의 행동

자공이 사람들을 비교하자, 공자께서 말씀하셨다.

"사는 정말 잘났구나! 나는 그럴 겨를이 없다."

子貢方人. 子曰 : "賜也賢乎哉? 夫我則不暇."
자 공 방 인   자 왈   사 야 현 호 재   부 아 즉 불 가

14-32
잘하지 못함을 걱정하라

공자께서 말씀하셨다.

"다른 사람이 나를 제대로 알지 못하는 것을 걱정하지 말고,

자신이 잘하지 못하는 것을 걱정해야 한다."

子曰 : "不患人之不己知, 患其不能也."
자 왈   불 환 인 지 불 기 지   환 기 불 능 야

14-33
미리 아는 것이 현명하다

공자께서 말씀하셨다.

"남이 속일까 미리 짐작하지 않고, 남이 믿어 주지 않을까 미리 억측하지 않는다. 그러나 또한 그것을 미리 아는 사람이 바로 현명하다!"

子曰 : "不逆詐, 不億不信, 抑亦先覺者, 是賢乎!"
자왈   불 역 사 불 억 불 신 억 역 선 각 자 시 현 호

14-34
고집불통을 미워한다

미생묘가 공자에게 말했다.

"구는 어찌하여 연연해하는가. 말재주나 부리는 것이 아닌가?"

공자께서 말씀하셨다.

"감히 말재주를 부리는 것이 아니라 고집불통을 미워하는 것입니다."

微生畝謂孔子曰 : "丘何爲是栖栖者與?
미 생 묘 위 공 자 왈   구 하 위 시 서 서 자 여

無乃爲佞乎?" 孔子曰 : "非敢爲佞也, 疾固也."
무 내 위 녕 호   공 자 왈   비 감 위 녕 야 질 고 야

14-35
천리마의 덕

공자께서 말씀하셨다.

"천리마는 그 힘을 칭찬하는 것이 아니라 그 능력을 칭찬하는 것이다."

子曰 : "驥不稱其力, 稱其德也."
자 왈   기 불 칭 기 력   칭 기 덕 야

14-36
이덕보원

혹자가 말했다.

"덕으로써 원망을 갚으면 어떻겠습니까?"

공자께서 말씀하셨다.

"그러면 무엇으로 덕을 갚을 것인가? 정직으로 원망을 갚고, 덕은 덕으로 갚는다."

或曰："以德報怨, 何如?"子曰："何以報德?
혹왈　이덕보원　하여　자왈　하이보덕

以直報怨, 以德報德."
이직보원　이덕보덕

14-37
나를 알아주는 것은 하늘

공자께서 말씀하셨다.

"나를 알아주는 사람이 없구나!"

자공이 말했다.

"어찌 선생님을 알아주는 사람이 없다고 하십니까?"

공자께서 말씀하셨다.

"하늘을 원망하지 않고 사람을 탓하지 않는다. 아래에서 배

워서 위로 통달하니, 나를 알아주는 것은 하늘일 것이다!"

子曰 : "莫我知也夫!" 子貢曰 : "何爲其莫知子也?"
자 왈   막 아 지 야 부   자 공 왈   하 위 기 막 지 자 야

子曰 : "不怨天, 不尤人, 下學而上達.
자 왈   불 원 천   불 우 인   하 학 이 상 달

知我者其天乎!"
지 아 자 기 천 호

14-38
도와 하늘의 뜻

공백료노나라 사람가 계손에게 자로를 모함했다. 자복경백노나라 대부이 공자에게 그 사실을 알렸다.

"계손이 분명히 공백료에게 마음이 미혹되어 있지만, 제 힘으로도 공백료를 죽여 시신을 거리에 내걸어 놓을 수 있습니다."

공자께서 말씀하셨다.

"도가 행해지는 것도 하늘의 뜻이고, 도가 폐해지는 것도 하늘의 뜻이다. 공백료가 그 하늘의 뜻을 어찌하겠느냐!"

公伯寮愬子路於季孫. 子服景伯以告, 曰 :
공 백 료 소 자 로 어 계 손   자 복 경 백 이 고   왈

"夫子固有惑志於公伯寮, 吾力猶能肆諸市朝."
부 자 고 유 혹 지 어 공 백 료   오 력 유 능 사 저 시 조

子曰 : "道之將行也與? 命也. 道之將廢也與?
자왈　　도 지 장 행 야 여　　명 야　 도 지 장 폐 야 여

命也. 公伯寮其如命何!"
명 야　 공 백 료 기 여 명 하

14-39
현명한 사람

공자께서 말씀하셨다.

"현명한 사람은 도가 없는 세상을 피하고, 그 다음은 어지러운 나라를 피하고, 그 다음은 임금의 얼굴빛을 보고 피하고, 그 다음은 임금의 말이 이치에 맞지 않으면 피한다."

子曰 : "賢者辟世, 其次辟地, 其次辟色, 其次辟言."
자 왈   현 자 피 세   기 차 피 지   기 차 피 색   기 차 피 언

14-40
은둔한 사람들

공자께서 말씀하셨다.

"일어나 은둔하려고 떠난 사람이 일곱 명이었다."

子曰 : "作者七人矣."
자 왈　　작 자 칠 인 의

14-41
문지기의 질문

자로가 석문에서 묵게 되었는데 문지기가 물었다.

"어디에서 오셨습니까?"

자로가 대답했다.

"공씨 집에서 옵니다."

문지기가 말했다.

"안 되는 줄 알면서도 해보려고 하는 사람 말입니까?"

子路宿於石門. 晨門曰 : "奚自?" 子路曰 :
자로숙어석문 신문왈   해자   자로왈

"自孔氏." 曰 : "是知其不可而爲之者與?"
  자공씨   왈   시지기불가이위지자여

14-42
공자의 연주

공자께서 위나라에서 경쇠를 두드리며 연주했다. 삼태기를 메고 공자의 집 문 앞을 지나던 사람이 말했다.

"마음이 남아 있구나, 경쇠를 두드리는 소리가!"

조금 있다가 말했다.

"시끄럽구나, 경쇠 소리가! 자기를 알아주지 않으면 그만 둘 뿐이다. 물이 깊으면 옷을 벗고 건너고 얕으면 옷을 걷고 건너면 된다."

공자께서 말씀하셨다.

"과감하구나! 어려울 것이 없겠구나."

子擊磬於衛. 有荷蕢而過孔氏之門者,
자 격 경 어 위 유 하 궤 이 과 공 씨 지 문 자

曰 : "有心哉, 擊磬乎!" 旣而曰 : "鄙哉! 硜硜乎!
왈   유 심 재 격 경 호   기 이 왈   비 재 경 경 호

莫己知也, 斯已而已矣. 深則厲, 淺則揭" 子曰 :
막기지야 사이이이의 심즉려 천즉게 자왈

"果哉! 末之難矣."
과재 말지난의

14-43
임금의 삼년상

자장이 말했다.

"『서경』에 이르기를 '고종상나라 임금이 상중에 삼 년 동안 말하지 않았다' 하였는데, 무슨 뜻입니까?"

공자께서 말씀하셨다.

"어찌 반드시 고종만이겠는가? 옛사람은 모두 그러했다. 임금이 돌아가시면 모든 관리들은 삼 년 동안 자신이 맡은 일을 재상의 명령을 받아 처리했다."

子張曰 : "書云 : '高宗諒陰, 三年不言.'
자장왈   서운   고종양암   삼년불언

何謂也?" 子曰 : "何必高宗, 古之人皆然. 君薨,
하위야   자왈   하필고종   고지인개연   군훙

百官總己以聽於冢宰三年."
백관총기이청어총재삼년

14-44
윗사람이 예를 좋아하면

공자께서 말씀하셨다.

"윗사람이 예를 좋아하면 백성을 부리기 쉽다."

子曰 : "上好禮, 則民易使也."
자 왈   상 호 례 즉 민 이 사 야

14-45
군자의 수양

자로가 군자에 대해 물었다. 공자께서 말씀하셨다.

"공경으로써 자신을 수양하는 것이다."

자로가 말했다.

"이것뿐입니까?"

공자께서 말씀하셨다.

"자신을 수양하여 사람을 편안하게 해야 한다."

자로가 말했다.

"이것뿐입니까?"

공자께서 말씀하셨다.

"자신을 수양하여 백성을 편안하게 하는 것이다. 자신을 수양하여 백성을 편안하게 하는 것은 요임금과 순임금께서도 오히려 미치지 못할까 근심하셨을 것이다!"

子路問君子. 子曰："脩己以敬."
자 로 문 군 자   자 왈   수 기 이 경

曰："如斯而已乎?" 曰："脩己以安人." 曰：
왈   여 사 이 이 호   왈   수 기 이 안 인   왈

"如斯而已乎?" 曰："脩己以安百姓. 脩己以安百姓,
여 사 이 이 호   왈   수 기 이 안 백 성   수 기 이 안 백 성

堯舜其猶病諸!"
요 순 기 유 병 저

14-46
원양을 꾸짖다

원양이 쭈그리고 앉아 기다리고 있었다. 공자께서 말씀하셨다.

"어려서는 공손하지 않고 자라서는 칭찬할 만한 일이 없고 늙어서는 죽지 않는 것, 이것이 바로 해가 되는 사람이다."

지팡이로 그의 정강이를 치셨다.

原壤夷俟. 子曰："幼而不孫弟, 長而無述焉,
원 양 이 사 자 왈   유 이 불 손 제 장 이 무 술 언
老而不死, 是爲賊!"以杖叩其脛.
노 이 불 사 시 위 적   이 장 고 기 경

14-47
성급한 동자

궐당의 동자가 명령을 전달하자 어떤 사람이 물었다.

"배움이 나아지고 있습니까?"

공자께서 말씀하셨다.

"나는 그가 어른의 자리에 앉아 있는 것을 보았고 선생과 나란히 걸어가는 것을 보았다. 나아지기를 바라는 아이가 아니라 빨리 이루려고 하는 아이다."

闕黨童子將命. 或問之曰：“益者與？”
궐 당 동 자 장 명   혹 문 지 왈   익 자 여

子曰：“吾見其居於位也, 見其與先生並行也.
자 왈   오 견 기 거 어 위 야   견 기 여 선 생 병 행 야

非求益者也, 欲速成者也.”
비 구 익 자 야   욕 속 성 자 야

논어

15편

위령공(衛靈公)

15-1
위령공이 진법을 묻다

위나라 영공이 공자에게 군대의 진법에 대해 물었다. 공자께서 말씀하셨다.

"제사 지내는 예법은 일찍이 들었지만, 군대를 다루는 일은 배우지 못했습니다."

다음날 위나라를 떠나셨다.

진나라에서 양식이 떨어졌는데, 따르던 제자들이 병들어 일어나지 못했다. 자로가 화가 나서 공자를 찾아뵙고 말했다.

"군자도 곤궁할 때가 있습니까?"

공자께서 말씀하셨다.

"군자는 곤궁함을 견뎌 내지만, 소인은 곤궁해지면 예법에 어긋나는 행동을 한다."

衛靈公問陳於孔子.
위령공문진어공자

孔子對曰 : "俎豆之事, 則嘗聞之矣 ; 軍旅之事
공자대왈　조두지사　즉상문지의　군려지사

未之學也." 明日遂行. 在陳絶糧, 從者病, 莫能興.
미지학야　명일수행　재진절량　종자병　막능흥

子路慍見曰 : "君子亦有窮乎?" 子曰 : "君子固窮,
자로온현왈　군자역유궁호　자왈　군자고궁

小人窮斯濫矣."
소인궁사람의

15-2
일이관지

공자께서 말씀하셨다.

"사야, 너는 내가 많은 것을 배우고서 그것을 기억하는 사람
이라고 생각하느냐?"

자공이 대답했다.

"그렇습니다. 아닙니까?"

공자께서 말씀하셨다.

"아니다. 나는 하나의 이치로 모든 것을 꿰뚫는다."

子曰：“賜也, 女以予爲多學而識之者與?” 對曰：
자왈　　사야　여이여위다학이지지자여　　대왈

“然, 非與?” 曰：“非也, 予一以貫之.”
연　비여　왈　　비야　여일이관지

15-3
덕행

공자께서 말씀하셨다.

"유야! 덕을 아는 사람이 드물구나."

子曰 : "由! 知德者鮮矣."
자 왈   유 지 덕 자 선 의

15-4
순임금의 무위지치

공자께서 말씀하셨다.

"무위로 나라를 다스린 사람은 순임금이실 것이다. 무슨 일을 하셨을까? 몸가짐을 공손히 하고 바르게 임금의 자리에 앉아 계셨을 뿐이다."

子曰 : "無爲而治者, 其舜也與? 夫何爲哉,
자 왈　　무 위 이 치 자　기 순 야 여　부 하 위 재

恭己正南面而已矣."
공 기 정 남 면 이 이 의

15-5
세상에서 인정받는 법

자장이 어떻게 행동해야 하는지에 대해 물었다. 공자께서 말씀하셨다.

"말이 진실하고 신의가 있으며, 행동이 독실하고 공경할 만하면, 비록 오랑캐 땅에 가더라도 인정받을 수 있다. 그러나 말이 진실하지 못하고 신의가 없으며, 행동이 독실하지 못하고 공경할 만하지 않으면, 비록 자기가 사는 마을에서인들 인정받을 수 있겠는가? 서 있을 때 그러한 언행이 앞에 있는 것처럼 보아야 하고, 수레에 타고 있을 때 그러한 언행이 멍에에 놓여 있는 것처럼 보아야 한다. 그런 후에야 세상 사람들에게 인정받을 수 있다."

자장이 허리띠에 이 말씀을 적었다.

子張問行. 子曰 :"言忠信, 行篤敬,
자장문행 자왈　언충신 행독경

雖蠻貊之邦行矣 ; 言不忠信, 行不篤敬,
수만맥지방행의　언불충신 행부독경

雖州里行乎哉? 立則見其參於前也 ;
수주리행호재　입즉견기참어전야

在輿則見其倚於衡也, 夫然後行."子張書諸紳.
재여즉견기의어형야 부연후행　자장서저신

15-6
사어와 거백옥

공자께서 말씀하셨다.

"강직하구나, 사어^{위나라 대부}여! 나라에 도가 있어도 화살처럼
곧으며, 나라에 도가 없어도 화살처럼 곧았다. 군자답구나,
거백옥이여! 나라에 도가 있으면 벼슬을 하고, 나라에 도가
없으면 자신의 능력을 거두어 감추었다."

子曰："直哉史魚! 邦有道, 如矢; 邦無道,
자왈　　직재사어　방유도　여시　　방무도

如矢. 君子哉蘧伯玉! 邦有道, 則仕; 邦無道,
여시　군자재거백옥　방유도　즉사　　방무도

則可卷而懷之."
즉가권이회지

15-7
사람도 말도 잃지 않아야

공자께서 말씀하셨다. "더불어 말할 만한데도 그와 말하지 않으면 사람을 잃는다. 더불어 말할 만하지 않은데도 그와 말을 한다면 말을 잃게 될 것이다. 지혜로운 사람은 사람도 잃지 않고 말도 잃지 않는다."

子曰 : "可與言而不與言, 失人, 不可與言而與之言,
자왈   가여언이불여언   실인   불가여언이여지언
失言. 知者不失人, 亦不失言."
실언 지자불실인   역불실언

15-8
살신성인

공자께서 말씀하셨다.

"뜻있는 선비와 어진 사람은 살기 위해 인을 해치는 일은 없고, 자신의 목숨을 바쳐서 인을 이루는 일은 있다."

子曰 : "志士仁人, 無求生以害仁, 有殺身以成仁."
자왈　　지사인인　무구생이해인　유살신이성인

15-9
인을 실천하는 법

자공이 인을 실천하는 방법에 대해 물었다. 공자께서 말씀
하셨다.

"장인이 일을 잘하려면 반드시 먼저 그 연장을 예리하게 해
야 한다. 어떤 나라에 살든 그 나라의 대부 중에서 현명한 사
람을 섬기고, 그 나라의 선비 중에서 어진 사람과 벗해야 한
다."

子貢問爲仁. 子曰 : "工欲善其事, 必先利其器.
자 공 문 위 인   자 왈   공 욕 선 기 사   필 선 리 기 기
居是邦也, 事其大夫之賢者, 友其士之仁者."
거 시 방 야   사 기 대 부 지 현 자   우 기 사 지 인 자

15-10
나라를 다스리는 법

안연이 나라를 다스리는 방법에 대해 물었다. 공자께서 말씀하셨다.

"하나라의 달력을 따르고, 은나라의 수레를 타며, 주나라의 면류관을 쓰고, 음악은 소무를 연주한다. 정나라의 음악은 추방하고 말재주 있는 사람은 멀리해야 한다. 정나라 음악은 음란하고, 말재주 있는 사람은 위태롭다.

顔淵問爲邦. 子曰 : "行夏之時, 乘殷之輅,
안 연 문 위 방 자 왈   행 하 지 시   승 은 지 로

服周之冕, 樂則韶舞. 放鄭聲, 遠佞人. 鄭聲淫,
복 주 지 면 악 즉 소 무   방 정 성   원 녕 인   정 성 음

佞人殆."
영 인 태

15-11
생각과 근심

공자께서 말씀하셨다.

"사람이 멀리까지 생각하지 않으면, 반드시 가까운 데 근심
이 있다."

子曰 : "人無遠慮, 必有近憂."
자 왈　　인 무 원 려　　필 유 근 우

15-12
어쩔 수 없구나

공자께서 말씀하셨다.

"어쩔 수 없구나! 나는 아직 덕을 좋아하기를 여색을 좋아하

듯이 하는 사람을 보지 못했다."

子曰 : "已矣乎! 吾未見好德如好色者也."
자 왈   이 의 호   오 미 견 호 덕 여 호 색 자 야

15-13
지위를 훔친 자

공자께서 말씀하셨다.

"장문중은 아마도 지위를 훔친 사람일 것이다! 유하혜의 현

명함을 알면서도, 그와 더불어 조정에 서지 않았다."

子曰 : "臧文仲其竊位者與? 知柳下惠之賢,
자 왈　　　장 문 중 기 절 위 자 여　　지 유 하 혜 지 현

而不與立也."
이 불 여 립 야

15-14
자신에게 엄격하라

공자께서 말씀하셨다.

"자신을 책망할 때는 엄격하게 하고, 남을 책망할 때는 가볍

게 하라. 그러면 원망을 멀리할 수 있다."

子曰 : "躬自厚而薄責於人, 則遠怨矣."
자 왈   궁 자 후 이 박 책 어 인   즉 원 원 의

15-15
노력하지 않는 사람

공자께서 말씀하셨다.

"'어찌할까, 어찌할까' 하고 말하지 않는 사람은 나도 어찌

할 수 없다."

子曰：“不曰‘如之何, 如之何’者,
<small>자왈　　불왈　여지하　여지하자</small>

吾末如之何也已矣.”
<small>오 말 여 지 하 야 이 의</small>

15-16
잔꾀 부리기

공자께서 말씀하셨다.

"여럿이 모여 하루 종일 있으면서도, 말이 의에 미치지 않고

잔꾀 부리기만을 좋아한다면, 잘되기는 어려울 것이다!"

子曰 : "羣居終日, 言不及義, 好行小慧, 難矣哉!"
자 왈　　군 거 종 일　언 불 급 의　 호 행 소 혜　난 의 재

15-17
군자다움

공자께서 말씀하셨다.

"군자는 의를 바탕으로 삼고, 예에 따라 행동하며, 겸손하게

드러내고, 신의로 완성하니, 군자답구나!"

子曰 : "君子義以爲質, 禮以行之, 孫以出之,
자 왈　　군 자 의 이 위 질　예 이 행 지　손 이 출 지

信以成之. 君子哉!"
신 이 성 지　군 자 재

15-18
무능력을 근심하라

공자께서 말씀하셨다.

"군자는 자신의 능력 없음을 걱정하지, 다른 사람이 나를 제대로 알지 못하는 것을 걱정하지 않는다."

子曰 : "君子病無能焉, 不病人之不己知也."
자 왈   군자병무능언   불병인지불기지야

15-19
군자는 죽어서 이름을 남긴다

공자께서 말씀하셨다.

"군자는 죽을 때까지 이름이 알려지지 못할 것을 근심한다."

子曰 : "君子疾沒世而名不稱焉."
자 왈   군 자 질 몰 세 이 명 불 칭 언

15-20
잘못을 찾는 차이

공자께서 말씀하셨다.

"군자는 잘못을 자신에게서 찾고, 소인은 남에게서 찾는다."

子曰 : "君子求諸己, 小人求諸人."
자 왈　　 군 자 구 저 기　 소 인 구 저 인

15-21
편 가르기

공자께서 말씀하셨다.

"군자는 긍지를 갖고 있지만 다투지 않고, 여럿이 어울리지

만 편을 가르지 않는다."

子曰 : "君子矜而不爭, 羣而不黨."
자 왈   군 자 긍 이 부 쟁   군 이 부 당

15-22
말과 판단

공자께서 말씀하셨다.

"군자는 말만 듣고 그 사람을 천거하지 않으며, 사람만 보고
그의 말을 버리지 않는다."

子曰 : "君子不以言擧人, 不以人廢言."
자 왈　　군 자 불 이 언 거 인　　불 이 인 폐 언

15-23
평생의 실천

자공이 물었다.

"한마디 말로 평생토록 행할 만한 것이 있습니까?"

공자께서 말씀하셨다.

"그것은 '서'일 것이다! 자기가 원하지 않는 일을 남에게 시키지 않는 것이다."

子貢問曰: "有一言而可以終身行之者乎?" 子曰:
자공문왈   유일언이가이종신행지자호   자왈
"其恕乎! 己所不欲, 勿施於人."
기서호 기소불욕 물시어인

15-24
올바른 도리

공자께서 말씀하셨다.

"내가 다른 사람들에 대해서 누구를 비방하고 누구를 칭찬하겠는가? 만약 칭찬하는 사람이 있다면 그를 겪어 본 적이 있을 것이다. 이 백성은 하·은·주 삼대의 올바른 도리를 실천했기 때문이다."

子曰 : "吾之於人也, 誰毁誰譽? 如有所譽者,
자왈   오지어인야 수훼수예 여유소예자

其有所試矣. 斯民也, 三代之所以直道而行也."
기유소시의 사민야 삼대지소이직도이행야

15-25
지금은 그런 일도 없다

공자께서 말씀하셨다.

"나는 사관이 의심스러운 것을 기록하지 않거나, 말을 가진 사람이 남에게 빌려주어 타게 하는 것은 보았는데, 지금은 그런 일도 없구나!"

子曰 : "吾猶及史之闕文也. 有馬者借人乘之,
자 왈   오 유 급 사 지 궐 문 야   유 마 자 차 인 승 지

今亡矣夫!"
금 무 의 부

15-26
작은 일은 참아야

공자께서 말씀하셨다.

"교묘한 말은 덕을 어지럽히고, 작은 일을 참지 못하면 큰 계획을 망친다."

子曰 : "巧言亂德, 小不忍則亂大謀."
자왈　　교언란덕　소불인즉란대모

15-27
여론에 휩쓸리지 말아야

공자께서 말씀하셨다.

"많은 사람들이 미워해도 반드시 잘 살펴야 하고, 많은 사람
들이 좋아해도 반드시 잘 살펴야 한다."

子曰 : "衆惡之, 必察焉 ; 衆好之, 必察焉."
자왈   중오지 필찰언   중호지 필찰언

15-28
사람과 도

공자께서 말씀하셨다.

"사람이 도를 넓히는 것이지, 도가 사람을 넓히는 것이 아니다."

子曰 : "人能弘道, 非道弘人."
자왈   인능홍도   비도홍인

15-29
큰 잘못

공자께서 말씀하셨다.

"잘못이 있어도 고치지 않는 것, 그것이 바로 잘못이다."

子曰 : "過而不改, 是謂過矣."
자왈　　과이불개　시위과의

15-30
생각만 하면 얻을 것이 없다

공자께서 말씀하셨다.

"내가 일찍이 하루 종일 먹지도 않고 밤새도록 자지도 않고 생각만 해보았다. 하지만 얻은 것이 없었으니 배우는 것만 못했다."

子曰 : "吾嘗終日不食, 終夜不寢, 以思, 無益,
자 왈　　오 상 종 일 불 식　종 야 불 침　 이 사　 무 익

不如學也."
불 여 학 야

15-31
추구해야 할 것

공자께서 말씀하셨다.

"군자는 도를 추구하지 먹을 것을 추구하지 않는다. 농사를 지어도 굶주림이 그 가운데 있으나, 공부를 하면 녹봉이 그 가운데 있다. 군자는 도를 근심하지 가난을 근심하지 않는다."

子曰 : "君子謀道不謀食. 耕也, 餒在其中矣 ; 學也,
자왈   군자모도불모식 경야 뇌재기중의   학야

祿在其中矣. 君子憂道不憂貧."
녹재기중의   군자우도불우빈

15-32
지혜와 인

공자께서 말씀하셨다.

"지혜가 이치를 알 수 있는 단계에 이르더라도 인으로 지키지 못하면, 비록 얻었다 하더라도 반드시 잃게 된다. 지혜가 이치를 알 수 있는 단계에 이르고 인으로 지키더라도 위엄 있게 다스리지 않으면 백성들은 공경하지 않는다. 지혜가 이치를 알 수 있는 단계에 이르고 인으로 지키며 위엄 있게 다스리더라도, 백성을 동원할 때 예에 맞게 하지 않으면 완전하지 않다."

子曰：“知及之, 仁不能守之, 雖得之, 必失之.
자왈　지급지　인불능수지　수득지　필실지
知及之, 仁能守之, 不莊以涖之, 則民不敬.
지급지　인능수지　부장이리지　즉민불경

知及之, 仁能守之, 莊以涖之, 動之不以禮,
지 급 지 인 능 수 지 장 이 리 지 동 지 불 이 례

未善也."
미 선 야

15-33
그릇의 크기

공자께서 말씀하셨다.

"군자는 작은 일로는 그 사람됨을 알아볼 수 없지만, 큰일을 맡길 수 있다. 소인은 큰일은 맡길 수 없지만, 작은 일로 그 사람됨을 알아볼 수 있다."

子曰 : "君子不可小知, 而可大受也 ;
자 왈   군 자 불 가 소 지   이 가 대 수 야

小人不可大受, 而可小知也."
소 인 불 가 대 수   이 가 소 지 야

15-34
인에 뛰어들어라

공자께서 말씀하셨다.

"백성들에게 인은 물과 불보다 더 중요하다. 물과 불에 뛰어
들었다가 죽은 사람은 내가 보았지만, 인을 따르다 죽은 사
람은 보지 못했다."

子曰 : "民之於仁也, 甚於水火. 水火,
자왈   민지어인야 심어수화 수화

吾見蹈而死者矣, 未見蹈仁而死者也."
오견도이사자의 미견도인이사자야

15-35
인은 양보가 없다

공자께서 말씀하셨다.

"인을 행하는 일은 스승에게도 양보하지 않는다."

子曰 : "當仁, 不讓於師."
자 왈　　당 인　불 양 어 사

15-36
군자의 지조

공자께서 말씀하셨다.

"군자는 지조가 있지만 완고하지 않다."

子曰 : "君子貞而不諒."
자 왈　　군 자 정 이 불 량

15-37
녹봉은 나중에

공자께서 말씀하셨다.

"임금을 섬길 때는 일을 공경히 하고 녹봉은 그 뒤로 미룬다."

子曰 : "事君, 敬其事而後其食."
자 왈   사 군 경 기 사 이 후 기 식

15-38
가르침에는 부류가 없다

공자께서 말씀하셨다.

"가르침에는 부류가 없다."

子曰 : "有敎無類."
자왈　　유교무류

15-39
도가 같지 않으면

공자께서 말씀하셨다.

"도가 같지 않으면 서로 일을 도모하지 않는다."

子曰 : "道不同, 不相爲謀."
자 왈   도 부 동   불 상 위 모

15-40
말은 뜻이 통해야

공자께서 말씀하셨다.

"말은 뜻을 전달할 따름이다."

子曰 : "辭達而已矣."
자 왈   사 달 이 이 의

15-41
악사를 돕는 법

악사 면이 공자를 뵈러 왔다. 계단에 이르자, 공자께서 말씀하셨다.

"계단입니다."

자리에 이르자, 공자께서 말씀하셨다.

"자리입니다."

모두 앉자, 공자께서 그에게 일러 주셨다.

"아무개는 여기 있고, 아무개는 여기 있습니다."

악사 면이 나가자 자장이 물었다.

"이것이 맹인 악사와 말할 때의 방법입니까?"

공자께서 말씀하셨다.

"그렇다. 이것이 진실로 맹인 악사를 도와주는 방법이다."

師冕見, 及階, 子曰 : "階也." 及席,
사 면 현 급 계 자 왈　계 야　급 석

子曰 : "席也." 皆坐, 子告之曰 : "某在斯, 某在斯."
자 왈　석 야　개 좌　자 고 지 왈　모 재 사　모 재 사

師冕出. 子張問曰 : "與師言之道與?" 子曰 : "然,
사 면 출　자 장 문 왈　여 사 언 지 도 여　자 왈　연

固相師之道也."
고 상 사 지 도 야

논어

<u>16편</u>

계씨(季氏)

16-1
계씨의 근심

계씨가 노나라 속국 전유를 정벌하려고 했다. 염유와 계로가 공자를 뵙고 말했다.

"계씨가 장차 전유에서 일을 벌일 것 같습니다."

공자께서 말씀하셨다.

"구^{염유}야, 이것은 너의 잘못이 아니냐? 전유는 옛날에 노나라 선왕께서 동몽산의 제주로 삼았고, 그 땅은 국경 안에 있으니, 전유는 사직의 신하이다. 어찌 정벌할 수 있겠는가?"

염유가 말했다.

"계손이 하려는 일이지, 저희 두 사람은 모두 원하지 않습니다."

공자께서 말씀하셨다.

"구야, 주임^{사관}이 말하기를 '능력을 발휘하여 벼슬자리에 나아가되, 잘하지 못하면 그만두라'고 했다. 윗사람이 위태한데도 잡아 주지 않고 넘어지는데도 부축해 주지 않는다면 그런 신하들을 장차 어디에 쓰겠느냐? 또한 너의 말도 잘못되었다. 호랑이와 코뿔소가 우리에서 뛰쳐나오고, 점치는 거북의 등껍질과 귀한 옥이 보관함 속에서 부서졌다면, 이것은 누구의 잘못이겠느냐?"

염유가 말했다.

"지금 전유는 성곽이 견고하고 비 땅에 가까우니, 지금 빼앗지 않으면 후세에는 반드시 자손들의 근심이 될 것입니다."

공자께서 말씀하셨다.

"구야, 군자는 욕심난다고 솔직히 말하지 않고 굳이 변명하는 것을 미워한다. 내가 듣건대, 나라와 집안을 다스리는 사람은 백성이 적은 것을 걱정하지 않고 분배가 균등하지 못한 것을 걱정하며, 가난한 것을 걱정하지 않고 안정되지 못한 것을 걱정한다고 했다. 대개 균등하면 가난하지 않고, 화목하면 백성이 적어지지 않으며, 안정되면 나라가 기울어지지 않는다. 그러므로 먼 나라 사람들이 복종하지 않는다면 훌륭한 덕을 닦아서 그들이 오게 하고, 이미 왔다면 그들을 편안하게 해주어야 한다. 지금 유와 구는 계씨를 보좌하고 있지만, 면 지역 사람들이 복종해 오지 않는데도 오게 하지 못하며, 나라가 분열되고 쪼개지는데도 지키지 못하고, 나라 안에서 군사를 동원하려고 모의하고 있다. 나는 계손의 근심이 전유에 있는 것이 아니라 그의 집안에 있을까 두렵다."

季氏將伐顓臾. 冉有·季路見於孔子曰:
계 씨 장 벌 전 유   염 유 계 로 현 어 공 자 왈

"季氏將有事於顓臾." 孔子曰:"求!
　계 씨 장 유 사 어 전 유   공 자 왈 　 구

無乃爾是過與? 夫顓臾, 昔者先王以爲東蒙主,
무 내 이 시 과 여 　 부 전 유 　 석 자 선 왕 이 위 동 몽 주

且在邦域之中矣, 是社稷之臣也. 何以伐爲?"
차 재 방 역 지 중 의 　 시 사 직 지 신 야 　 하 이 벌 위

冉有曰:"夫子欲之, 吾二臣者皆不欲也."
염 유 왈 　 부 자 욕 지 　 오 이 신 자 개 불 욕 야

孔子曰:"求! 周任有言曰:'陳力就列,
공 자 왈 　 구 　 주 임 유 언 왈 　 진 력 취 열

不能者止.' 危而不持, 顚而不扶, 則將焉用彼相矣?
불 능 자 지 　 위 이 부 지 　 전 이 불 부 　 즉 장 언 용 피 상 의

且爾言過矣, 虎兕出於柙, 龜玉毁於櫝中,
차 이 언 과 의 　 호 시 출 어 합 　 귀 옥 훼 어 독 중

是誰之過與?" 冉有曰:"今夫顓臾, 固而近於費.
시 수 지 과 여 　 염 유 왈 　 금 부 전 유 　 고 이 근 어 비

今不取, 後世必爲子孫憂." 孔子曰:"求!
금 불 취 　 후 세 필 위 자 손 우 　 공 자 왈 　 구

君子疾夫舍曰欲之, 而必爲之辭.
군 자 질 부 사 왈 욕 지 　 이 필 위 지 사

丘也聞有國有家者, 不患寡而患不均,
구 야 문 유 국 유 가 자   불 환 과 이 환 불 균

不患貧而患不安. 蓋均無貧, 和無寡, 安無傾.
불 환 빈 이 환 불 안   개 균 무 빈   화 무 과   안 무 경

夫如是, 故遠人不服, 則脩文德以來之.
부 여 시 ·고 원 인 불 복   즉 수 문 덕 이 래 지

旣來之, 則安之. 今由與求也, 相夫子,
기 래 지   즉 안 지   금 유 여 구 야   상 부 자

遠人不服而不能來也 ; 邦分崩離析而不能守也.
원 인 불 복 이 불 능 래 야   방 분 붕 리 석 이 불 능 수 야

而謀動干戈於邦內. 吾恐季孫之憂, 不在顓臾,
이 모 동 간 과 어 방 내   오 공 계 손 지 우   부 재 전 유,

而在蕭墻之內也."
이 재 소 장 지 내 야

16-2
도가 있으면

공자께서 말씀하셨다.

"천하에 도가 있으면 예악과 정벌이 천자에게서 나오고, 천하에 도가 없으면 예악과 정벌이 제후에게서 나온다. 제후에게서 나오면 십 대 안에 나라를 잃지 않는 경우가 드물고, 대부에게서 나오면 오 대 안에 나라를 잃지 않는 경우가 드물며, 가신이 정권을 잡으면 삼 대 안에 나라를 잃지 않는 경우가 드물다. 천하에 도가 있으면 대부가 정치를 마음대로 하지 못하며, 천하에 도가 있으면 서민들이 정치를 함부로 논하지 않는다."

孔子曰 : "天下有道, 則禮樂征伐自天子出 ;
공 자 왈   천 하 유 도   즉 례 악 정 벌 자 천 자 출

天下無道, 則禮樂征伐自諸侯出. 自諸侯出,
천 하 무 도   즉 례 악 정 벌 자 제 후 출   자 제 후 출

蓋十世希不失矣 ; 自大夫出, 五世希不失矣
개 십 세 희 불 실 의   자 대 부 출 오 세 희 불 실 의

; 陪臣執國命, 三世希不失矣. 天下有道,
배 신 집 국 명 삼 세 희 불 실 의   천 하 유 도

則政不在大夫. 天下有道, 則庶人不議."
즉 정 부 재 대 부 천 하 유 도 즉 서 인 불 의

16-3
도가 없는 노나라

공자께서 말씀하셨다.

"녹봉을 주는 권한이 노나라 임금의 손을 떠난 지 오 대째이고, 대부가 정치를 잡은 지 사 대째이다. 그러므로 삼환맹손·숙손·계손의 자손이 미약해질 것이다."

孔子曰 : "祿之去公室, 五世矣 ; 政逮於大夫,
공 자 왈   녹 지 거 공 실   오 세 의   정 체 어 대 부
四世矣 ; 故夫三桓之子孫, 微矣."
사 세 의   고 부 삼 환 지 자 손   미 의

16-4
유익한 벗, 해로운 벗

공자께서 말씀하셨다.

"유익한 벗이 셋 있고, 해로운 벗이 셋 있다. 정직한 사람과 벗하고, 신의가 있는 사람과 벗하며, 견문이 넓은 사람과 벗하면 유익하다. 편벽된 사람과 벗하고, 아첨을 잘하는 사람과 벗하며, 말만 잘하는 사람과 벗하면 해롭다."

孔子曰 : "益者三友, 損者三友. 友直, 友諒,
공 자 왈   익 자 삼 우   손 자 삼 우   우 직   우 량

友多聞, 益矣. 友便辟, 友善柔, 友便佞, 損矣."
우 다 문   익 의   우 편 벽   우 선 유   우 편 녕   손 의

16-5
유익한 좋아함, 해로운 좋아함

공자께서 말씀하셨다.

"유익한 좋아함이 셋 있고, 해로운 좋아함이 셋 있다. 예악을 절도에 맞추기를 좋아하고, 남의 좋은 점을 말하기를 좋아하며, 현명한 벗을 많이 사귀기를 좋아하면 유익하다. 교만하게 거드름 피우기를 좋아하고, 방탕하게 놀기를 좋아하며, 향락에 빠지기를 좋아하면 해롭다."

孔子曰:"益者三樂, 損者三樂. 樂節禮樂,
공자왈　　익자삼요　손자삼요　요절례악

樂道人之善, 樂多賢友, 益矣. 樂驕樂, 樂佚遊,
요도인지선　요다현우　익의　요교락　요일유

樂晏樂, 損矣."
요연락　손의

16-6
세 가지 잘못

공자께서 말씀하셨다.

"군자를 모실 때 저지르기 쉬운 세 가지 잘못이 있다. 말할
때가 되지 않았는데 말하는 것을 조급하다고 한다. 말할 때
가 되었는데도 말하지 않는 것을 숨긴다고 한다. 상대방의
얼굴빛을 살피지 않고 말하는 것을 눈뜬장님이라고 한다."

孔子曰 : "侍於君子有三愆 : 言未及之而言謂之躁,
공자왈   시어군자유삼건   언미급지이언위지조
言及之而不言謂之隱, 未見顏色而言謂之瞽."
언급지이불언위지은   미견안색이언위지고

16-7
군자의 세 가지 경계

공자께서 말씀하셨다.

"군자는 세 가지를 경계한다. 젊을 때는 혈기가 안정되지 않으니 여색을 경계해야 한다. 장년이 되어서는 혈기가 왕성해지니 다툼을 경계해야 한다. 늙어서는 혈기가 쇠약해지니 탐욕을 경계해야 한다.

孔子曰 : "君子有三戒 : 少之時, 血氣未定,
공자왈　　군자유삼계　　소지시　혈기미정

戒之在色 ; 及其壯也, 血氣方剛, 戒之在鬪 ;
계지재색　급기장야　혈기방강　계지재투

及其老也, 血氣旣衰, 戒之在得."
급기로야　혈기기쇠　계지재득

16-8
군자의 세 가지 두려움

공자께서 말씀하셨다.

"군자는 세 가지를 두려워한다. 천명을 두려워하고, 대인을 두려워하며, 성인의 말씀을 두려워한다. 소인은 천명을 알지 못하므로 두려워하지 않으며, 대인을 함부로 대하고, 성인의 말씀을 업신여긴다."

孔子曰 : "君子有三畏 : 畏天命, 畏大人,
공 자 왈   군 자 유 삼 외   외 천 명 외 대 인

畏聖人之言. 小人不知天命而不畏也, 狎大人,
외 성 인 지 언   소 인 부 지 천 명 이 불 외 야   압 대 인

侮聖人之言."
모 성 인 지 언

16-9
곤란한데도 배우지 않으면

공자께서 말씀하셨다.

"태어나면서부터 아는 사람은 최상이다. 배워서 아는 사람은 그다음이고, 곤란한 상황에 처해서야 배우는 사람은 또 그다음이다. 곤란한 상황에 처했는데도 배우지 않으면 백성이니 최하이다."

孔子曰 : "生而知之者, 上也 ; 學而知之者, 次也 ;
공 자 왈   생 이 지 지 자   상 야   학 이 지 지 자   차 야

困而學之, 又其次也 ; 困而不學, 民斯爲下矣."
곤 이 학 지 우 기 차 야   곤 이 불 학   민 사 위 하 의

16-10
군자의 아홉 가지 생각

공자께서 말씀하셨다.

"군자는 항상 생각해야 할 아홉 가지가 있다. 볼 때는 명확하게 볼 것을 생각하고, 들을 때는 분명하게 들을 것을 생각하며, 얼굴빛은 온화하게 할 것을 생각한다. 몸가짐은 공손히 할 것을 생각하고, 말할 때는 성실하게 할 것을 생각하며, 일은 신중히 할 것을 생각한다. 의문이 들 때는 물어볼 것을 생각하고, 화가 날 때는 어려운 일이 닥칠 것을 생각하며, 이득을 볼 때는 의를 생각해야 한다."

孔子曰 : "君子有九思 : 視思明, 聽思聰,
공 자 왈　　군 자 유 구 사　　시 사 명　　청 사 총
色思溫, 貌思恭, 言思忠, 事思敬, 疑思問, 忿思難,
색 사 온　모 사 공　언 사 충　사 사 경　의 사 문　분 사 난
見得思義."
견 득 사 의

16-11
은자를 비판하다

공자께서 말씀하셨다.

"선한 것을 보면 해내지 못할까 걱정하고, 선하지 않은 것을
보면 끓는 물에 손을 넣은 것처럼 한다고 했다. 나는 그런 사
람도 보았고, 그런 말도 들었다. 숨어 살면서 자기 뜻을 추구
하고, 의를 행하면서 자기의 도를 달성한다고 했다. 나는 그
런 말은 들었지만, 그런 사람은 아직 보지 못했다."

孔子曰 : "見善如不及, 見不善如探湯. 吾見其人矣,
공 자 왈   견 선 여 불 급   견 불 선 여 탐 탕   오 견 기 인 의
吾聞其語矣. 隱居以求其志, 行義以達其道.
오 문 기 어 의   은 거 이 구 기 지   행 의 이 달 기 도
吾聞其語矣, 未見其人也."
오 문 기 어 의   미 견 기 인 야

16-12
백이와 숙제를 칭송하다

제나라 경공이 말을 사천 필이나 가지고 있었지만, 그가 죽
었을 때 백성들이 그의 덕을 칭송하지 않았다. 백이·숙제는
수양산 아래에서 굶어 죽었지만, 백성들은 지금까지도 그들
을 칭송하고 있다. 아마도 이것을 말함일 것이다.*

齊景公有馬千駟, 死之日, 民無德而稱焉. 伯夷·
제 경 공 유 마 천 사　 사 지 일　 민 무 덕 이 칭 언　 백 이

叔齊餓于首陽之下, 民到于今稱之. 其斯之謂與?
숙 제 아 우 수 양 지 하　 민 도 우 금 칭 지　 기 사 지 위 여

---

* '안연편' 10장의 "참으로 부유하기 때문이 아니라 또한 다만 특이할 뿐이다"(誠不以富, 亦
祇以異)라는 문장이 "아마도 이것을 말함일 것이다"(其斯之謂與) 앞에 있어야 한다는 주
가 있다. 이 책 369쪽 참조.

16-13
공자가 자식을 가르치는 방법

진강이 공자의 아들 백어에게 물었다.

"그대는 아버지로부터 특별한 가르침을 들은 적이 있습니까?"

백어가 대답했다.

"없습니다. 일찍이 아버님께서 홀로 서 계실 때 제가 종종걸음으로 뜰을 지나가니, '시를 배웠느냐'고 물어보셨습니다. '아직 배우지 못했습니다' 하고 대답하자, '시를 배우지 않으면 말을 할 수 없다'고 말씀하셨습니다. 나는 물러나 시를 배웠습니다. 다른 날에 또 홀로 서 계시기에 종종걸음으로 뜰을 지나가니, '예를 배웠느냐'고 물어보셨습니다. '아직 배우지 못했습니다' 하고 대답하자, '예를 배우지 않으면 바로 설 수 없다'고 하셨습니다. 나는 물러나 예를 배웠습니다.

제가 들은 것은 이 두 가지입니다."

진강이 물러나와 기뻐하며 말했다.

"하나를 물어서 세 가지를 얻었다. 시에 대해 듣고, 예에 대해 듣고, 또 군자는 자기 자식을 멀리한다는 것을 들었다."

陳亢問於伯魚曰 : "子亦有異聞乎?" 對曰 :
진 강 문 어 백 어 왈　　 자 역 유 이 문 호　　 대 왈

"未也. 嘗獨立, 鯉趨而過庭. 曰 : '學詩乎?' 對曰 :
미 야　 상 독 립　 리 추 이 과 정　 왈　　 학 시 호　　 대 왈

'未也.' '不學詩, 無以言.' 鯉退而學詩. 他日又獨立,
미 야　　 불 학 시　 무 이 언　　 리 퇴 이 학 시　 타 일 우 독 립

鯉趨而過庭. 曰 : '學禮乎?' 對曰 : '未也.' '不學禮,
리 추 이 과 정　 왈　　 학 례 호　　 대 왈　　 미 야　　 불 학 례

無以立.' 鯉退而學禮. 聞斯二者." 陳亢退而喜曰 :
무 이 립　　 리 퇴 이 학 례　 문 사 이 자　　 진 강 퇴 이 희 왈

"問一得三, 聞詩, 聞禮, 又聞君子之遠其子也."
문 일 득 삼　 문 시　 문 례　 우 문 군 자 지 원 기 자 야

16-14
임금의 부인을 부를 때

한 나라 임금의 아내를, 임금이 부를 때는 부인이라 하고, 부인이 자신을 칭할 때는 소동이라 한다. 그 나라 백성이 부를 때는 군부인이라 하고, 다른 나라 사람들에게 말할 때는 과소군이라 한다. 다른 나라 사람들이 부를 때도 또한 군부인이라 한다.

邦君之妻, 君稱之曰夫人, 夫人自稱曰小童 ;
방 군 지 처 군 칭 지 왈 부 인 부 인 자 칭 왈 소 동

邦人稱之曰君夫人, 稱諸異邦曰寡小君 ;
방 인 칭 지 왈 군 부 인 칭 저 이 방 왈 과 소 군

異邦人稱之亦曰君夫人.
이 방 인 칭 지 역 왈 군 부 인

논어

양화(陽貨)

17-1
공자와 양화

양화 계씨의 가신 양호가 공자를 만나고자 했다. 그러나 공자가 만나 주지 않으니, 그는 공자가 없는 틈을 타서 삶은 돼지를 선물로 보냈다. 공자께서도 그가 없는 틈을 타서 찾아가 사례했다. 돌아오는 길에 그와 마주쳤다. 양화가 공자에게 말했다.

"이리 와 보십시오. 제가 당신과 할 이야기가 있습니다."

공자가 다가오자 양화가 말했다.

"보배를 품고서 나라를 어지럽게 내버려 둔다면 인하다고 할 수 있습니까?"

공자께서 말씀하셨다.

"할 수 없습니다."

"나랏일 하기를 좋아하면서 자주 때를 놓친다면 지혜롭다고 할 수 있습니까?"

"할 수 없습니다."

"해와 달이 흘러가니, 세월이 나를 기다려 주지 않습니다."

공자께서 말씀하셨다.

"알겠습니다. 나도 장차 벼슬을 하겠습니다."

陽貨欲見孔子, 孔子不見, 歸孔子豚.
양 화 욕 견 공 자　공 자 불 견　귀 공 자 돈

孔子時其亡也, 而往拜之, 遇諸塗. 謂孔子曰 : "來!
공 자 시 기 무 야　이 왕 배 지　우 저 도　위 공 자 왈　　래

予與爾言." 曰 : "懷其寶而迷其邦, 可謂仁乎?" 曰 :
여 여 이 언　왈　　회 기 보 이 미 기 방　가 위 인 호　　왈

"不可." "好從事而亟失時, 可謂知乎?" 曰 : "不可."
불 가　　호 종 사 이 극 실 시　가 위 지 호　　왈　　불 가

"日月逝矣, 歲不我與." 孔子曰 : "諾. 吾將仕矣."
일 월 서 의　세 불 아 여　공 자 왈　　낙　오 장 사 의

17-2
성과 습

공자께서 말씀하셨다.

"타고난 성품은 서로 비슷하지만, 습관에 따라 서로 멀어진다."

子曰 : "性相近也, 習相遠也."
자 왈   성 상 근 야   습 상 원 야

17-3
상지와 하우

공자께서 말씀하셨다.

"오직 가장 지혜로운 사람과 가장 어리석은 사람만이 바뀌지 않는다."

子曰 : "唯上知與下愚, 不移."
자왈   유상지여하우 불이

17-4
닭 잡는 데 소 잡는 칼을 쓰랴

공자께서 무성 땅에 갔을 때 비파를 타며 노래 부르는 소리를 들으셨다. 선생께서 빙그레 웃으시며 말씀하셨다.

"닭 잡는 데 어찌 소 잡는 칼을 쓰느냐?"

자유^{무성 땅의 읍재}가 말했다.

"예전에 제가 선생님께 들으니 '군자가 도를 배우면 다른 사람을 사랑하고, 소인이 도를 배우면 부리기가 쉬워진다' 고 하셨습니다."

공자께서 말씀하셨다.

"이보게들, 언의 말이 옳다. 앞서 한 말은 농담이었다."

子之武城, 聞弦歌之聲. 夫子莞爾而笑, 曰：
자 지 무 성　문 현 가 지 성　부 자 완 이 이 소　 왈

"割雞焉用牛刀?" 子游對曰：昔者偃也聞諸夫子曰
할 계 언 용 우 도　 자 유 대 왈　 석 자 언 야 문 저 부 자 왈

: '君子學道則愛人, 小人學道則易使也'." 子曰 :
군자학도즉애인   소인학도즉이사야   자왈

"二三者! 偃之言是也. 前言戱之耳."
이삼자 언지언시야 전언희지이

17-5
공산불요가 공자를 부르다

공산불요^{계씨의 가신}가 비 땅에서 반란을 일으키고 공자를 불렀다. 공자께서는 가고자 하셨다. 자로가 이를 못마땅하게 여기며 말했다.

"가실 곳이 없으면 그만이지, 하필 공산씨에게 가려 하십니까?"

공자께서 말씀하셨다.

"나를 부르는 사람이 어찌 공연히 불렀겠느냐? 만약 나를 써 주는 사람이 있다면 내가 그 나라를 동쪽의 주나라로 만들 것이다."

公山弗擾以費畔, 召, 子欲往. 子路不說,
공 산 불 요 이 비 반   소   자 욕 왕   자 로 불 열

曰 : "末之也已, 何必公山氏之之也." 子曰 :
왈   말 지 야 이   하 필 공 산 씨 지 지 야   자 왈

"夫召我者而豈徒哉? 如有用我者, 吾其爲東周乎?"
부 소 아 자 이 기 도 재   여 유 용 아 자   오 기 위 동 주 호

17-6
다섯 가지 실천

자장이 공자께 인에 대해 물었다. 공자께서 말씀하셨다.

"천하에서 다섯 가지를 행할 수 있다면 인을 하는 것이다."

자장이 그 내용을 묻자, 공자께서 말씀하셨다.

"공손함, 관대함, 믿음, 민첩함, 은혜로움이다. 공손하면 모욕을 당하지 않고, 관대하면 많은 사람들의 마음을 얻고, 믿음이 있으면 사람들이 신임하고, 민첩하면 공을 세울 수 있고, 은혜로우면 충분히 다른 사람을 부릴 수 있다."

子張問仁於孔子. 孔子曰 : "能行五者於天下,
자장문인어공자 공자왈 능행오자어천하

爲仁矣." 請問之. 曰 : "恭·寬·信·敏·惠. 恭則不侮,
위인의 청문지왈 공관신민혜 공즉불모

寬則得衆, 信則人任焉, 敏則有功, 惠則足以使人."
관즉득중 신즉인임언 민즉유공 혜즉족이사인

17-7
필힐이 공자를 부르다

필힐진(晉)나라 조간자의 가신이 부르자, 공자께서 가려고 하셨다.
자로가 말했다.

"예전에 제가 선생님께 들으니 '자신이 직접 선하지 않은
일을 하는 사람의 무리에 군자는 들어가지 않는다'고 하셨
습니다. 필힐이 중모 땅에서 반란을 일으켰는데, 선생님께
서 가려 하시니, 어찌된 일입니까?"

공자께서 말씀하셨다.

"그렇다. 그런 말을 한 적이 있다. 그러나 견고하다고 말하
지 않겠는가, 갈아도 닳지 않으니. 희다고 말하지 않겠는가,
검게 물들여도 검어지지 않으니. 내가 어찌 조롱박이겠느
냐? 어찌 한 곳에 매달려 있어서 아무도 먹을 수 없겠느냐?"

佛肸召, 子欲往. 子路曰:"昔者由也聞諸夫子曰:
필힐소 자욕왕 자로왈 석자유야문저부자왈

'親於其身爲不善者, 君子不入也.' 佛肸以中牟畔,
친어기신위불선자 군자불입야 필힐이중모반

子之往也, 如之何!" 子曰:"然. 有是言也.
자지왕야 여지하 자왈 연 유시언야

不曰堅乎, 磨而不磷, 不曰白乎, 涅而不緇.
불왈견호 마이불린 불왈백호 날이불치

吾豈匏瓜也哉? 焉能繫而不食?"
오기포과야재 언능계이불식

17-8

육언과 육폐

공자께서 말씀하셨다.

"유야, 너는 여섯 가지 덕목과 여섯 가지 폐단에 대해 들어
보았느냐?"

자로가 대답했다.

"아직 들어 보지 못했습니다."

공자께서 말씀하셨다.

"앉아라! 내가 너에게 말해 주마. 인을 좋아하기만 하고 배
우기를 좋아하지 않으면, 그 폐단은 어리석은 것이다. 지혜
를 좋아하기만 하고 배우기를 좋아하지 않으면, 그 폐단은
방자한 것이다. 신의를 좋아하기만 하고 배우기를 좋아하지
않으면, 그 폐단은 남을 해치는 것이다. 정직함을 좋아하기
만 하고 배우기를 좋아하지 않으면, 그 폐단은 강요하는 것

이다. 용기를 좋아하기만 하고 배우기를 좋아하지 않으면, 그 폐단은 어지럽히는 것이다. 굳셈을 좋아하기만 하고 배우기를 좋아하지 않으면, 그 폐단은 경솔한 것이다."

子曰:"由也, 女聞六言六蔽矣乎?"對曰:"未也."
자왈   유야 여문륙언륙폐의호   대왈   미야

"居! 吾語女. 好仁不好學, 其蔽也愚 ; 好知不好學,
거 오어녀 호인불호학 기폐야우   호지불호학

其蔽也蕩 ; 好信不好學, 其蔽也賊 ; 好直不好學,
기폐야탕   호신불호학 기폐야적   호직불호학

其蔽也絞 ; 好勇不好學, 其蔽也亂 : 好剛不好學,
기폐야교   호용불호학 기폐야란   호강불호학

其蔽也狂."
기폐야광

17-9
시를 배우는 이유 ①

공자께서 말씀하셨다.

"제자들아! 어찌하여 시를 배우지 않느냐? 시는 감흥을 불러일으킬 수 있고, 정치의 잘잘못을 살필 수 있으며, 사람들과 어울릴 수 있고, 원망할 수 있다. 가까이는 부모를 섬기고, 멀리는 임금을 섬기며, 새와 짐승과 풀과 나무의 이름을 많이 알게 된다."

子曰 : "小子! 何莫學夫詩? 詩, 可以興,
자왈   소자 하막학부시   시 가이흥

可以觀, 可以羣, 可以怨. 邇之事父, 遠之事君,
가이관 가이군 가이원 이지사부 원지사군

多識於鳥獸草木之名."
다식어조수초목지명

17-10
시를 배우는 이유 ②

공자께서 백어에게 말씀하셨다.

"너는 「주남」과 「소남」『시경』의 첫번째와 두번째 편명을 배웠느냐? 사람으로서 「주남」과 「소남」을 배우지 않으면, 그것은 바로 담벼락을 마주하고 서 있는 것과 같다."

子謂伯魚曰 : "女爲周南召南矣乎?
자 위 백 어 왈   여 위 주 남 소 남 의 호
人而不爲周南召南, 其猶正牆面而立也與?"
인 이 불 위 주 남 소 남 기 유 정 장 면 이 립 야 여

17-11
예악의 진정한 의미

공자께서 말씀하셨다.

"예를 운운하지만, 옥이나 비단을 말하는 것이겠는가? 음악

을 운운하지만, 종과 북을 말하는 것이겠는가?"

子曰 : "禮云禮云, 玉帛云乎哉? 樂云樂云,
자왈　　예운예운　옥백운호재　　악운악운

鐘鼓云乎哉?"
종고운호재

17-12

도적과 같다

공자께서 말씀하셨다.

"얼굴빛은 근엄하지만 마음이 유약한 것은, 소인에 비유하

자면 아마도 벽을 뚫고 담장을 넘는 도적과 같을 것이다."

子曰 : "色厲而內荏, 譬諸小人,
자 왈   색 려 이 내 임 비 저 소 인

其猶穿窬之盜也與?"
기 유 천 유 지 도 야 여

17-13
향원은 도적이다

공자께서 말씀하셨다.

"향원은 덕을 해친다."

子曰 : "鄕原, 德之賊也."
자 왈   향 원 덕 지 적 야

17-14
길에서 듣고 길에서 말하면

공자께서 말씀하셨다.

"길에서 듣고 길에서 말하면 덕을 버리는 것이다."

子曰 : "道聽而塗說, 德之棄也."
자 왈　　도 청 이 도 설　덕 지 기 야

17-15
비열한 사람은 못할 짓이 없다

공자께서 말씀하셨다.

"비열한 사람과 함께 임금을 섬길 수 있겠는가? 부귀를 얻기 전에는 얻지 못할까 걱정하고, 이미 얻고 나서는 잃을까 걱정한다. 만약 잃을까 걱정하면 하지 못할 짓이 없다."

子曰 : "鄙夫可與事君也與哉? 其未得之也,
자 왈　　　 비 부 가 여 사 군 야 여 재　　 기 미 득 지 야
患得之 ; 旣得之, 患失之. 苟患失之, 無所不至矣."
환 득 지　　 기 득 지　 환 실 지　 구 환 실 지　 무 소 부 지 의

17-16
세 가지 병폐를 돌아보다

공자께서 말씀하셨다.

"옛날에는 백성들에게 세 가지 병폐가 있었는데, 지금은 이 것마저도 없다. 옛날에 뜻이 큰 사람은 작은 일에 구애받지 않았지만, 지금 뜻이 큰 사람은 방탕하기만 하다. 옛날에 자긍심이 있는 사람은 행동이 모가 났지만, 지금 자긍심이 있는 사람은 다투기만 한다. 옛날에 어리석은 사람은 정직했지만, 지금 어리석은 사람은 속이기만 한다."

子曰 : "古者民有三疾, 今也或是之亡也.
자 왈   고 자 민 유 삼 질   금 야 혹 시 지 무 야
古之狂也肆, 今之狂也蕩 ; 古之矜也廉,
고 지 광 야 사   금 지 광 야 탕   고 지 긍 야 렴
今之矜也忿戾 ; 古之愚也直, 今之愚也詐而已矣."
금 지 긍 야 분 려   고 지 우 야 직   금 지 우 야 사 이 이 의

17-17
교언영색

공자께서 말씀하셨다.

"말을 교묘히 하고 얼굴빛을 꾸미는 사람 중에 어진 사람은
드물다."

子曰 : "巧言令色, 鮮矣仁."
자왈　　교언영색　선의인

17-18
공자가 미워하는 것

공자께서 말씀하셨다.

"나는 자주색이 붉은색을 빼앗는 것을 미워하고, 정나라 음악이 아악을 어지럽히는 것을 미워하며, 교묘한 말재주가 나라를 뒤엎는 것을 미워한다."

子曰 : "惡紫之奪朱也, 惡鄭聲之亂雅樂也,
자 왈   오 자 지 탈 주 야   오 정 성 지 란 아 악 야

惡利口之覆邦家者."
오 리 구 지 복 방 가 자

17-19
하늘은 말을 하지 않는다

공자께서 말씀하셨다.

"나는 말을 하지 않으려고 한다."

자공이 말했다.

"선생님께서 만일 말씀을 하지 않으시면 저희들이 어떻게

배워서 전하겠습니까?"

공자께서 말씀하셨다.

"하늘이 무슨 말을 하더냐? 사계절이 운행하고 만물이 생장

하지만, 하늘이 무슨 말을 하더냐?"

子曰 : "予欲無言." 子貢曰 : "子如不言,
자왈   여욕무언   자공왈   자여불언

則小子何述焉?" 子曰 : "天何言哉? 四時行焉,
즉소자하술언   자왈   천하언재   사시행언

百物生焉, 天何言哉?"
백물생언   천하언재

17-20
공자의 가르침

유비^{공자에게 예를 배운 사람}가 공자를 뵙고자 했지만, 공자가 병을 핑계로 거절했다. 심부름꾼이 문을 나서자, 공자께서 비파를 타며 노래를 불러 유비가 듣게 하셨다.

孺悲欲見孔子, 孔子辭以疾. 將命者出戶,
유비욕견공자　공자사이질　장명자출호

取瑟而歌, 使之聞之.
취슬이가　사지문지

17-21
재아와 삼년상

재아가 물었다.

"삼년상을 치르고 있는데 일년상도 충분히 깁니다. 군자가 삼 년 동안 예를 행하지 않으면, 예가 반드시 무너지고, 삼 년 동안 음악을 연주하지 않으면, 음악이 반드시 무너질 것 입니다. 일 년이면 묵은 곡식은 다 없어지고 햇곡식이 나오 며, 불씨를 얻는 부시나무도 다시 바뀝니다. 그러니 일 년이 면 그만해도 됩니다."

공자께서 말씀하셨다.

"부모 상중에 쌀밥을 먹고 비단옷을 입는 것이 너에게는 편 안하냐?"

재아가 대답했다.

"편안합니다."

"네가 편안하다면 그렇게 해라. 군자가 상을 치를 때는 맛있는 것을 먹어도 맛이 없고, 음악을 들어도 즐겁지 않으며, 집에 있어도 편안하지 않기 때문에 그렇게 하지 않는 것이다. 지금 네가 편안하다면 그렇게 해라!"

재아가 밖으로 나갔다. 공자께서 말씀하셨다.

"여는 인하지 않구나! 자식은 태어난 지 삼 년 뒤에야 부모의 품에서 벗어난다. 삼년상은 천하에 공통된 상례인데, 여에게는 그 부모에 대한 삼 년의 사랑이 있는가?"

宰我問 : "三年之喪, 期已久矣. 君子三年不爲禮,
재아문   삼년지상   기이구의   군자삼년불위례

禮必壞 ; 三年不爲樂, 樂必崩. 舊穀旣沒, 新穀旣升,
예필괴   삼년불위악   악필붕   구곡기몰 신곡기승

鑽燧改火, 期可已矣." 子曰 : "食夫稻, 衣夫錦,
찬수개화   기가이의   자왈   식부도 의부금

於女安乎?"曰 : "安.""女安則爲之! 夫君子之居喪,
어여안호   왈   안   여안즉위지   부군자지거상

食旨不甘, 聞樂不樂, 居處不安, 故不爲也. 今女安,
식지불감   문악불락   거처불안   고불위야   금여안

則爲之!"宰我出. 子曰 : "予之不仁也! 子生三年,
즉위지   재아출 자왈   여지불인야   자생삼년

然後免於父母之懷. 夫三年之喪, 天下之通喪也.
연후면어부모지회   부삼년지상   천하지통상야

予也有三年之愛於其父母乎?"
여야유삼년지애어기부모호

17-22
장기와 바둑

공자께서 말씀하셨다.

"배부르게 먹고 하루 종일 마음 쓰는 곳이 없으면 곤란하다!
장기와 바둑이 있지 않은가. 그것이라도 하는 것이 안 하는
것보다 낫다."

子曰 : "飽食終日, 無所用心, 難矣哉!
자왈　　포식종일　무소용심　난의재
不有博奕者乎, 爲之猶賢乎已."
불유박혁자호　위지유현호이

17-23
용기와 의

자로가 말했다.

"군자는 용기를 숭상합니까?"

공자께서 말씀하셨다.

"군자는 의를 으뜸으로 여긴다. 군자가 용기만 있고 의가 없
다면 나라를 어지럽힌다. 소인이 용기만 있고 의가 없다면
도적질을 하게 된다."

子路曰 : "君子尚勇乎?" 子曰 : "君子義以爲上.
자 로 왈　　　군 자 상 용 호　　　자 왈　　　군 자 의 이 위 상

君子有勇而無義爲亂, 小人有勇而無義爲盜."
군 자 유 용 이 무 의 위 란　　소 인 유 용 이 무 의 위 도

17-24
군자가 미워하는 것

자공이 말했다.

"군자도 미워하는 것이 있습니까?"

공자께서 말씀하셨다.

"미워하는 것이 있다. 남의 나쁜 점을 떠들어 대는 것을 미워하고, 아랫사람이면서 윗사람 헐뜯는 것을 미워하며, 용기만 있고 예의가 없는 것을 미워하고, 과감하기만 하고 꽉막힌 것을 미워한다."

공자께서 말씀하셨다.

"사야, 너도 미워하는 것이 있느냐?"

"남을 엿보는 것을 지혜로 여기는 것을 미워하고, 불손한 것을 용기로 여기는 것을 미워하며, 남의 잘못을 들추는 것을 정직으로 여기는 것을 미워합니다."

子貢曰：“君子亦有惡乎?” 子曰：“有惡：
자공왈　　군자역유오호　　자왈　　유오

惡稱人之惡者, 惡居下流而訕上者, 惡勇而無禮者,
오칭인지악자　오거하류이산상자　오용이무례자

惡果敢而窒者.” 曰：“賜也亦有惡乎?”
오과감이질자　왈　　사야역유오호

“惡徼以爲知者, 惡不孫以爲勇者, 惡訐以爲直者.”
오요이위지자　오불손이위용자　오알이위직자

17-25
여자와 소인은 상대하기 어렵다

공자께서 말씀하셨다.

"여자와 소인은 상대하기가 어렵다. 가까이하면 불손하고

멀리하면 원망한다."

子曰:"唯女子與小人爲難養也, 近之則不孫,
자왈   유녀자여소인위난양야 근지즉불손

遠之則怨."
원지즉원

17-26
사십에도 미움을 받는다면

공자께서 말씀하셨다.

"나이 사십이 되어서도 남에게 미움을 받는다면, 그것으로
끝이다."

子曰 : "年四十而見惡焉, 其終也已."
차 왈   연 사 십 이 견 오 언   기 종 야 이

논어

<u>18편</u>

미자(微子)

18-1
은나라의 세 사람

미자_{은나라 마지막 왕인 주의 의붓형}는 은나라를 떠나갔고, 기자_{주왕의}

_{숙부}는 노비가 되었고, 비간_{주왕의 숙부}은 간언하다 죽었다. 공자

께서 말씀하셨다.

"은나라에는 세 명의 어진 사람이 있었다."

微子去之, 箕子爲之奴, 比干諫而死. 孔子曰 :
미 자 거 지　기 자 위 지 노　비 간 간 이 사　공 자 왈

"殷有三仁焉."
은 유 삼 인 언

18-2
유하혜의 도

유하혜가 재판관이 되었다가, 세 번 쫓겨났다. 사람들이 말했다.

"그대는 떠날 만하지 않은가?"

유하혜가 말했다.

"도를 곧게 지켜 사람을 섬긴다면, 어디에 간들 세 번 쫓겨나지 않겠는가? 도를 굽혀 사람을 섬긴다면, 굳이 부모의 나라를 떠날 필요가 있겠는가?"

柳下惠爲士師, 三黜. 人曰 : "子未可以去乎?"
유 하 혜 위 사 사 삼 출 인 왈   자 미 가 이 거 호

曰 : "直道而事人, 焉往而不三黜? 枉道而事人,
왈   직 도 이 사 인 언 왕 이 불 삼 출 왕 도 이 사 인

何必去父母之邦?"
하 필 거 부 모 지 방

18-3
제경공의 거절

제나라 경공이 공자를 대우하는 일에 대해 말했다.

"계씨와 같이 대우할 수는 없지만, 계씨와 맹씨의 중간으로

대우하겠습니다."

나중에 다시 경공이 말했다.

"내가 늙어서 그대를 등용할 수 없습니다."

이 말을 듣고 공자께서 제나라를 떠나셨다.

齊景公待孔子曰 : "若季氏, 則吾不能, 以季·孟之
제 경 공 대 공 자 왈   약 계 씨   즉 오 불 능   이 계 맹 지

間待之." 曰 : "吾老矣, 不能用也." 孔子行.
간 대 지   왈   오 로 의   불 능 용 야   공 자 행

18-4
노나라를 떠나다

제나라 사람이 미녀 가무단을 보내오자, 계환자^{노나라 대부}가
이들을 받았다. 이후 삼 일 동안 조회를 하지 않자, 공자께서
노나라를 떠나셨다.

齊人歸女樂, 季桓子受之. 三日不朝, 孔子行.
제 인 귀 녀 악   계 환 자 수 지   삼 일 부 조   공 자 행

18-5
미치광이 접여

초나라의 미치광이 접여가 노래를 부르면서 공자의 앞을 지
나갔다.
"봉황이여! 봉황이여! 어찌하여 덕이 그토록 쇠하였느냐?
지나간 일은 되돌릴 수 없지만, 다가올 일은 따를 수 있다네.
그만두어라! 그만두어라! 오늘날 정치하는 사람은 위태하
구나!"
공자께서 수레에서 내려 그와 함께 말하고자 하셨다. 접여
가 빠른 걸음으로 피하니 그와 함께 말하지 못하셨다.

楚狂接輿歌而過孔子曰 : "鳳兮! 鳳兮!
초 광 접 여 가 이 과 공 자 왈   봉 혜 봉 혜
何德之衰? 往者不可諫, 來者猶可追. 已而, 已而!
하 덕 지 쇠   왕 자 불 가 간   내 자 유 가 추   이 이   이 이

今之從政者殆而!" 孔子下, 欲與之言. 趨而辟之,
금지종정자태이　　공자하　욕여지언　추이피지

不得與之言.
부득여지언

18-6
피인지사 피세지사

장저와 걸익이 나란히 밭을 갈고 있었다. 공자께서 그곳을
지나가다 자로에게 나루터를 묻게 하셨다. 장저가 말했다.

"저 수레에서 고삐를 잡고 있는 사람은 누구인가?"

자로가 말했다.

"공구이십니다."

장저가 말했다.

"저분이 노나라 공구인가?"

자로가 말했다.

"그렇습니다."

장저가 말했다.

"그분은 나루터를 알 것이다."

자로가 걸익에게 나루터를 물었다. 걸익이 말했다.

"그대는 누구인가?"

자로가 말했다.

"중유라고 합니다."

걸익이 말했다.

"그대가 바로 노나라 공구의 제자인가?"

자로가 대답했다.

"그렇습니다."

걸익이 말했다.

"강물이 도도히 흘러가듯 천하가 모두 그러하다. 누가 그것을 바꾸겠는가? 또한 그대는 사람을 피하는 선비를 따르기보다는 차라리 세상을 피하는 선비를 따르는 것이 낫지 않겠는가?"

그리고는 공방메로 흙 덮는 일을 멈추지 않았다. 자로가 돌아와 이 일을 말씀드렸다. 공자께서 실망스러운 듯 말씀하셨다.

"새와 짐승과는 함께 무리를 지을 수 없다. 내가 사람의 무리와 함께하지 않으면 누구와 함께하겠느냐? 천하에 도가 있다면, 내가 너희들과 함께 세상을 바꾸려 하지도 않았을 것이다."

長沮·桀溺耦而耕, 孔子過之, 使子路問津焉.
장저 걸익 우이경 공자과지 사자로문진언

長沮曰:"夫執輿者爲誰?"子路曰:"爲孔丘."
장저왈 부집여자위수 자로왈 위공구

曰:"是魯孔丘與?"曰:"是也."曰:"是知津矣."
왈 시노공구여 왈 시야 왈 시지진의

問於桀溺, 桀溺曰:"子爲誰?"曰:"爲仲由."
문어걸익 걸익왈 자위수 왈 위중유

曰:"是魯孔丘之徒與?"對曰:"然."
왈 시노공구지도여 대왈 연

曰:"滔滔者天下皆是也, 而誰以易之?
왈 도도자천하개시야 이수이역지

且而與其從辟人之士也, 豈若從辟世之士哉?"
차이여기종피인지사야 기약종피세지사재

耰而不輟. 子路行以告. 夫子憮然曰:
우이불철 자로행이고 부자무연왈

"鳥獸不可與同羣, 吾非斯人之徒與而誰與?
조수불가여동군 오비사인지도여이수여

天下有道, 丘不與易也."
천하유도 구불여역야

18-7
벼슬하지 않는 것은 의가 아니다

자로가 공자를 따라가다 뒤처졌는데, 한 노인을 만났다. 그는 지팡이에 삼태기를 매달아 어깨에 메고 있었다. 자로가 노인에게 물었다.

"노인장께서는 저희 선생님을 보셨습니까?"

노인이 말했다.

"팔다리를 부지런히 움직이지 않고, 오곡도 분간하지 못하면서 누구를 선생이라 하느냐?"

지팡이를 세워 놓고 김을 맸다. 자로는 두 손을 공손히 모으고 서 있었다. 노인은 자로를 하룻밤 묵게 해주었다. 닭을 잡고 기장밥을 지어 먹이며, 자신의 두 아들을 인사시켰다. 다음날 자로가 돌아와 이 일을 말씀드렸다. 공자께서 말씀하셨다.

"은자로구나."

자로로 하여금 되돌아가 만나 보라고 하셨다. 가 보니 이미
떠나고 없었다. 자로가 말했다.

"벼슬하지 않는 것은 의가 아니다. 어른과 아이 사이에도 예
절을 없앨 수 없는데, 임금과 신하 사이에 의를 어떻게 없앨
수 있겠는가? 이것은 자신의 몸을 깨끗이 하고자 하여 인륜
을 어지럽히는 것이다. 군자가 벼슬하는 것은 그 의를 실천
하는 것이다. 도가 행해지지 않음은 이미 알고 계시다."

子路從而後, 遇丈人, 以杖荷蓧. 子路問曰 :
자 로 종 이 후 우 장 인 이 장 하 조 자 로 문 왈

"子見夫子乎?" 丈人曰 : "四體不勤, 五穀不分.
 자 견 부 자 호 장 인 왈   사 체 불 근 오 곡 불 분

孰爲夫子?" 植其杖而芸. 子路拱而立. 止子路宿,
숙 위 부 자 식 기 장 이 운 자 로 공 이 립 지 자 로 숙

殺雞爲黍而食之, 見其二子焉. 明日, 子路行以告.
살 계 위 서 이 사 지 견 기 이 자 언 명 일 자 로 행 이 고

子曰 : "隱者也." 使子路反見之. 至則行矣.
자 왈   은 자 야 사 자 로 반 견 지 지 즉 행 의

子路曰 : "不仕無義. 長幼之節, 不可廢也 :
자 로 왈   불 사 무 의 장 유 지 절 불 가 폐 야

君臣之義, 如之何其廢之? 欲絜其身, 而亂大倫.
군 신 지 의 여 지 하 기 폐 지 욕 결 기 신 이 란 대 륜

君子之仕也, 行其義也. 道之不行, 已知之矣."
군 자 지 사 야 행 기 의 야 도 지 불 행 이 지 지 의

18-8

일민

일민^{벼슬하지 않은 은자}으로는 백이·숙제·우중·이일·주장·유하혜·소련이 있었다. 공자께서 말씀하셨다.

"그 뜻을 굽히지 않고 그 몸을 욕되게 하지 않은 사람은 백이와 숙제이다. 유하혜와 소련에 대해 말하자면 그 뜻을 굽히고 그 몸을 욕되게 했으나, 말은 도리에 맞고 행동은 사려 깊었을 따름이다. 우중과 이일에 대해 말하자면 숨어 살면서 말을 함부로 하였으나, 몸을 깨끗이 하고 벼슬하지 않은 것은 상황 판단에 맞았다. 나는 이들과 달라서, 반드시 그래야만 하는 것도 없고, 그래서는 안 되는 것도 없다."

逸民 : 伯夷·叔齊·虞仲·夷逸·朱張·柳下惠·少連.
<small>일민　　백이 숙제 우중 이일 주장 유하혜 소련</small>

子曰 : "不降其志, 不辱其身, 伯夷·叔齊與. 謂
<small>자왈　　불강기지　불욕기신　백이 숙제여 위</small>

柳下惠·少連, 降志辱身矣, 言中倫, 行中慮,
유하혜 소련 강지욕신의 연중륜 행중려

其斯而已矣. 謂虞仲·夷逸, 隱居放言, 身中淸,
기사이이의 위우중 이일 은거방언 신중청

廢中權. 我則異於是, 無可無不可."
폐중권 아즉이어시 무가무불가

18-9
악사들이 흩어지다

태사 지는 제나라로 갔고, 아반 간은 초나라로 갔다. 삼반 료는 채나라로 갔고, 사반 결은 진나라로 갔다. 북을 치던 방숙은 하내로 들어갔고, 소고를 흔들던 무는 한중으로 들어갔다. 소사 양과 경쇠를 치던 양은 바다에 있는 섬으로 들어갔다.*

大師摯適齊, 亞飯干適楚, 三飯繚適蔡,
태 사 지 적 제   아 반 간 적 초   삼 반 료 적 채

四飯缺適秦. 鼓方叔入於河, 播鼗武入於漢,
사 반 결 적 진   고 방 숙 입 어 하   파 도 무 입 어 한

少師陽·擊磬襄入於海.
소 사 양   격 경 양 입 어 해

* 태사는 노나라 악관의 우두머리이고, 소사는 악관의 보좌이다. 아반, 삼반, 사반은 음식을 먹을 때 음악 연주를 직책으로 삼은 관리이다.

18-10
주공의 당부

주공이 아들 노공에게 말씀하셨다. "군자는 자기 친족을 소홀히 하지 않으며, 대신으로 하여금 등용되지 않더라도 원망하지 않게 한다. 옛 친구들에게 큰 잘못이 없으면 버리지 않으며, 한 사람에게 다 갖추기를 요구하지 않는다."

周公謂魯公曰 : "君子不施其親,
주공위노공왈　　군자불이기친

不使大臣怨乎不以. 故舊無大故, 則不棄也.
불사대신원호불이　고구무대고　즉불기야

無求備於一人."
무구비어일인

18-11
주나라의 여덟 선비

주나라에 여덟 선비가 있었으니, 백달·백괄·중돌·중홀·숙
야·숙하·계수·계와가 그들이다.

周有八士：伯達·伯适·仲突·仲忽·叔夜·叔夏·季隨·
주유팔사　　백 달 백 괄 중 돌 중 홀 숙 야 숙 하 계 수

季騧.
계 와

논어

19편

자장(子張)

19-1
선비의 자세

자장이 말했다.

"선비는 위험을 보면 목숨을 바치고, 이득을 보면 의를 생각
한다. 제사를 지낼 때는 경건함에 집중하고, 상을 당해서는
애도를 다한다. 그러면 선비라고 할 만하다.

子張曰 : "士見危致命, 見得思義, 祭思敬, 喪思哀,
자장왈　　사견위치명　견득사의　제사경　상사애

其可已矣."
기가이의

19-2
덕은 넓게 도는 돈독히

자장이 말했다.

"덕을 지키면서도 넓히지 못하고, 도를 믿으면서도 독실하지 못하면, 어찌 있다고 할 수 있으며, 어찌 없다고 할 수 있겠는가?"

子張曰 : "執德不弘, 信道不篤, 焉能爲有?
자장왈   집덕불홍 신도부독 언능위유
焉能爲亡?"
언능위무

19-3
사람 사귀는 법

자하의 문인이 자장에게 사람 사귀는 법에 대해 물었다. 자장이 말했다.

"자하는 어찌 말하던가?"

"자하께서는 '사귈 만한 사람과 사귀고, 사귀어서는 안 될 사람을 사귀지 말라'고 하셨습니다."

자장이 말했다.

"내가 들은 것과는 다르구나. 군자는 현명한 사람을 존중하고 많은 사람을 포용하며, 유능한 사람을 칭찬하고 그렇지 못한 사람을 불쌍히 여긴다. 내가 크게 현명하면 어찌 남을 포용하지 못하겠는가? 내가 현명하지 못하면 남이 나를 거절할 텐데, 어찌 내가 남을 거절하겠는가?"

子夏之門人問交於子張. 子張曰："子夏云何?"
자 하 지 문 인 문 교 어 자 장　자 장 왈　　자 하 운 하

對曰："子夏曰：'可者與之, 其不可者拒之.'"
대 왈　　자 하 왈　　가 자 여 지　기 불 가 자 거 지

子張曰："異乎吾所聞, 君子尊賢而容衆,
자 장 왈　　이 호 오 소 문　군 자 존 현 이 용 중

嘉善而矜不能. 我之大賢與, 於人何所不容?
가 선 이 긍 불 능　아 지 대 현 여　어 인 하 소 불 용

我之不賢與, 人將拒我, 如之何其拒人也?"
아 지 불 현 여　인 장 거 아　여 지 하 기 거 인 야

19-4
군자의 장애물

자하가 말했다.

"비록 작은 재주라도 반드시 볼 만한 것이 있다. 하지만 원대한 일을 이루기에는 장애가 될까 두렵다. 그래서 군자는 하지 않는 것이다."

子夏曰：“雖小道, 必有可觀者焉, 致遠恐泥,
자 하 왈　　수 소 도　필 유 가 관 자 언　치 원 공 니
是以君子不爲也.”
시 이 군 자 불 위 야

19-5
날마다 달마다

자하가 말했다.

"날마다 모르는 것을 알아 가고, 달마다 할 수 있는 것을 잊

지 않으면, 배우기를 좋아한다고 말할 수 있다."

子夏曰 : "日知其所亡, 月無忘其所能,
자 하 왈   일 지 기 소 무   월 무 망 기 소 능

可謂好學也已矣."
가 위 호 학 야 이 의

19-6
박학과 절문

자하가 말했다.

"널리 배우고 뜻을 돈독히 하며, 절실히 묻고 가까운 것에서

부터 생각한다. 그러면 인이 그 가운데 있다."

子夏曰 : "博學而篤志, 切問而近思, 仁在其中矣."
자 하 왈   박 학 이 독 지   절 문 이 근 사   인 재 기 중 의

19-7
장인과 군자

자하가 말했다.

"모든 장인은 작업장에 머물며 자기 일을 완수하고, 군자는
학문으로 그 도를 이룬다."

子夏曰 : "百工居肆以成其事, 君子學以致其道."
자 하 왈   백 공 거 사 이 성 기 사   군 자 학 이 치 기 도

19-8
소인의 변명

자하가 말했다. "소인은 잘못을 저지르면 반드시 꾸며 댄다."

子夏曰 : "小人之過也必文."
자 하 왈　　소 인 지 과 야 필 문

19-9
군자의 세 가지 변화

자하가 말했다.

"군자는 세 번 변한다. 멀리서 보면 위엄이 있고, 가까이서
보면 온화하며, 그의 말을 들어 보면 단호하다."

子夏曰："君子有三變. 望之儼然, 卽之也溫,
자 하 왈　　군 자 유 삼 변　　망 지 엄 연　　즉 지 야 온

聽其言也厲."
청 기 언 야 려

19-10
군자가 먼저 얻어야 할 것

자하가 말했다.

"군자는 백성에게 신임을 얻은 후에 그 백성을 부려야 한다,
신임을 얻지 못하면 자신을 괴롭힌다고 여긴다. 군자는 윗
사람에게 신임을 얻은 후에 간언해야 한다. 신임을 얻지 못
하면 자신을 비방한다고 여긴다."

子夏曰 : "君子信而後勞其民, 未信則以爲厲己也.
자 하 왈   군 자 신 이 후 로 기 민   미 신 즉 이 위 려 기 야
信而後諫, 未信則以爲謗己也."
신 이 후 간   미 신 즉 이 위 방 기 야

19-11
대덕과 소덕

자하가 말했다. "큰 덕이 경계를 넘지 않는다면, 작은 덕은

들고나도 괜찮다."

子夏曰 : "大德不踰閑, 小德出入可也."
자 하 왈　　대 덕 불 유 한　　소 덕 출 입 가 야

19-12
자하와 자유의 제자 교육법

자유가 말했다.

"자하의 제자들은 물을 뿌려 비질하고, 손님을 응대하며, 나아가고 물러나는 예절에 있어서 그런대로 괜찮다. 하지만 이런 일은 말단일 뿐이다. 근본이 없으니 어찌하겠는가?"

자하가 그 말을 듣고 말했다.

"아, 언유^{자유}의 말이 지나치구나! 군자의 도에서 어느 것을 먼저 전하고 어느 것을 나중으로 미루고 게을리 하겠는가? 초목에 비유하자면, 종류에 따라 구별하는 것과 같다. 군자의 도를 어찌 속일 수 있겠는가? 시작과 끝을 모두 갖춘 사람은 오직 성인뿐이다!"

子游曰 : "子夏之門人小子, 當洒掃·應對·進退,
자유왈   자하지문인소자   당쇄소 응대 진퇴

則可矣. 抑末也, 本之則無. 如之何?" 子夏聞之曰
즉가의　억말야　본지즉무　여지하　자하문지왈

: "噫! 言游過矣! 君子之道, 孰先傳焉? 孰後倦焉?
희　언유과의　군자지도　숙선전언　숙후권언

譬諸草木, 區以別矣. 君子之道, 焉可誣也?
비저초목　구이별의　군자지도　언가무야

有始有卒者, 其唯聖人乎!"
유시유졸자　기유성인호

19-13
벼슬과 학문

자하가 말했다.

"벼슬하고 여력이 있으면 학문을 하고, 학문을 하고 여력이
있으면 벼슬을 한다."

子夏曰 : "仕而優則學, 學而優則仕."
자 하 왈　　사 이 우 즉 학　학 이 우 즉 사

19-14
상례는 슬픔이 중요하다

자유가 말했다.

"상을 당해서는 슬픔을 지극히 할 뿐이다."

子游曰 : "喪致乎哀而止."
자 유 왈　　상 치 호 애 이 지

19-15
자장의 됨됨이 ①

자유가 말했다.

"나의 벗 자장은 어려운 일을 잘한다. 그러나 아직 인하지는

못하다."

子游曰：“吾友張也, 爲難能也. 然而未仁.”
자유왈　　오우장야　위난능야　연이미인

19-16
자장의 됨됨이 ②

증자가 말했다.

"당당하구나, 자장이여. 그러나 함께 인을 행하기는 어렵구
나."

曾子曰 : "堂堂乎張也, 難與並爲仁矣."
증 자 왈   당 당 호 장 야   난 여 병 위 인 의

19-17
부모의 상례

증자가 말했다.

"내가 선생님께 들었다. '사람들이 평소에는 스스로 정성을
다하지 않을지라도 부모의 상례에는 반드시 정성을 다해야
한다'고 하셨다."

曾子曰 : "吾聞諸夫子 : '人未有自致者也,
증 자 왈   오 문 저 부 자   인 미 유 자 치 자 야
必也親喪乎'!"
필 야 친 상 호

19-18
어려운 맹장자의 효

증자가 말했다.

"내가 선생님께 들었다. '맹장자노나라 대부의 효 가운데 다른 일은 할 수 있지만, 아버지의 신하와 정책을 바꾸지 않은 것, 이것은 하기 어렵다'고 하셨다."

曾子曰 : "吾聞諸夫子 : '孟莊子之孝也,
증 자 왈   오 문 저 부 자   맹 장 자 지 효 야
其他可能也 ; 其不改父之臣 與父之政, 是難能也'."
기 타 가 능 야   기 불 개 부 지 신 여 부 지 정 시 난 능 야

19-19
법을 집행하는 법

맹손씨가 양부^{증자의 제자}를 재판관으로 임명하자, 양부가 증자에게 물었다. 증자가 말했다.

"윗사람이 도를 잃어 백성이 흩어진 지 오래되었다. 만일 그들의 실정을 알게 되면 슬퍼하고 불쌍히 여길 일이지 기뻐해서는 안 된다."

孟氏使陽膚爲士師, 問於曾子. 曾子曰 :
맹 씨 사 양 부 위 사 사   문 어 증 자   증 자 왈

"上失其道, 民散久矣. 如得其情, 則哀矜而勿喜"
상 실 기 도   민 산 구 의   여 득 기 정   즉 애 긍 이 물 희

19-20
하류에 머물지 말라

자공이 말했다.

"주임금의 악행이 이 정도로 심했던 것은 아니다. 이 때문에 군자는 하류에 머무는 것을 싫어하니, 천하의 악이 모두 그 곳으로 모인다."

子貢曰 : "紂之不善, 不如是之甚也.
자 공 왈   주 지 불 선   불 여 시 지 심 야
是以君子惡居下流, 天下之惡皆歸焉."
시 이 군 자 오 거 하 류   천 하 지 악 개 귀 언

19-21
일식이나 월식

자공이 말했다.

"군자의 잘못은 마치 일식, 월식과 같다. 잘못이 있으면 사
람들이 모두 쳐다보고, 잘못을 고치면 사람들이 모두 우러
러본다."

子貢曰 : "君子之過也, 如日月之食焉 : 過也,
자공왈　　군자지과야　여일월지식언　　과야

人皆見之 ; 更也, 人皆仰之."
인개견지　　경야　인개앙지

19-22
공자의 배움

위나라 대부 공손조가 자공에게 물었다.

"중니는 어디서 배웠는가?"

자공이 말했다.

"문왕과 무왕의 도가 땅에 떨어지지 않고 사람들에게 남아 있습니다. 현명한 사람은 그중에서 큰 것을 기억하고, 현명하지 못한 사람은 그중에서 작은 것을 기억하니, 문왕과 무왕의 도가 없는 곳이 없습니다. 그러니 선생님께서 어찌 배우지 않았겠습니까? 또 어찌 정해진 스승이 있었겠습니까?"

衛公孫朝問於子貢曰 : "仲尼焉學?" 子貢曰 :
위 공 손 조 문 어 자 공 왈　　중 니 언 학　　자 공 왈
"文武之道, 未墜於地, 在人. 賢者識其大者,
　문 무 지 도　미 추 어 지　재 인　현 자 지 기 대 자

不賢者識其小者, 莫不有文武之道焉. 夫子焉不學?
불 현 자 지 기 소 자   막 불 유 문 무 지 도 언   부 자 언 불 학

而亦何常師之有?"
이 역 하 상 사 지 유

19-23
숙손무숙이 공자를 비방하다①

숙손무숙^{노나라 대부}이 조정에서 대부들에게 말했다.

"자공이 중니보다 뛰어나다."

자복경백이 이것을 자공에게 알려 주었다. 자공이 말했다.

"궁궐의 담장에 비유하자면, 나의 담장은 어깨 높이 정도입니다. 집안의 좋은 것들을 들여다볼 수 있지요. 그러나 선생님의 담장은 몇 길이나 됩니다. 그 문을 찾아 들어가지 못하면 종묘의 아름다움과 백관이 많은 것을 볼 수 없지요. 그 문을 찾아낸 사람은 아마도 드물 것입니다. 그러니 그분의 말씀 또한 당연하지 않겠습니까!"

叔孫武叔語大夫於朝, 曰 : "子貢賢於仲尼."
숙 손 무 숙 어 대 부 어 조 왈   자 공 현 어 중 니

子服景伯以告子貢. 子貢曰 : "譬之宮牆,
자 복 경 백 이 고 자 공 자 공 왈   비 지 궁 장

賜之牆也及肩, 闚見室家之好. 夫子之牆數仞,
사 지 장 야 급 견　규 견 실 가 지 호　부 자 지 장 수 인

不得其門而入, 不見宗廟之美, 百官之富.
부 득 기 문 이 입　불 견 종 묘 지 미　백 관 지 부

得其門者或寡矣. 夫子之云, 不亦宜乎!"
득 기 문 자 혹 과 의　부 자 지 운　불 역 의 호

19-24
숙손무숙이 공자를 비방하다 ②

숙손무숙이 중니를 헐뜯었다. 자공이 말했다.

"그러지 마십시오. 중니는 헐뜯을 수 없습니다. 다른 사람이 현명한 것은 언덕과 같아서 그래도 넘을 수 있습니다. 하지만 중니는 해와 달과 같아서 넘을 수 없습니다. 사람들이 비록 스스로 끊고자 해도, 그것이 해와 달에 무슨 손상이 되겠습니까? 다만 자기 분수도 모르는 것을 드러낼 뿐입니다!"

叔孫武叔毀仲尼.
숙 손 무 숙 훼 중 니

子貢曰：“無以爲也, 仲尼不可毀也. 他人之賢者,
자 공 왈   무 이 위 야   중 니 불 가 훼 야   타 인 지 현 자

丘陵也, 猶可踰也 ; 仲尼, 日月也, 無得而踰焉.
구 릉 야   유 가 유 야   중 니   일 월 야   무 득 이 유 언

人雖欲自絶, 其何傷於日月乎? 多見其不知量也!”
인 수 욕 자 절   기 하 상 어 일 월 호   다 견 기 부 지 량 야

19-25
진자금이 공자를 비방하다

진자금^{진강}이 자공에게 말했다.

"그대가 겸손해서 그렇지, 중니가 어찌 그대보다 뛰어나겠는가?"

자공이 말했다.

"군자는 말 한마디로 지혜롭다고 여겨지기도 하고 말 한마디로 지혜롭지 않다고 여겨지기도 합니다. 말은 신중하지 않으면 안 됩니다. 선생님을 따라갈 수 없는 것은 하늘을 사다리 타고 올라갈 수 없는 것과 같습니다. 선생님께서 나라를 다스린다면, 이른바 '백성을 세워 주면 서고, 이끌어 주면 따르고, 편안하게 해주면 찾아오고, 감동시키면 화목해진다는 것'입니다. 살아 계실 때는 사람들이 존경하고, 돌아가시면 사람들이 애도할 것이니, 어찌 그분을 따라갈 수 있겠습니까."

陳子禽謂子貢曰 : "子爲恭也,
진 자 금 위 자 공 왈　　　자 위 공 야

仲尼豈賢於子乎?" 子貢曰 : "君子一言以爲知,
중 니 기 현 어 자 호　　　자 공 왈　　　군 자 일 언 이 위 지

一言以爲不知, 言不可不愼也. 夫子之不可及也,
일 언 이 위 부 지　언 불 가 불 신 야　부 자 지 불 가 급 야

猶天之不可階而升也. 夫子之得邦家者,
유 천 지 불 가 계 이 승 야　부 자 지 득 방 가 자

所謂 '立之斯立, 道之斯行, 綏之斯來, 動之斯和'.
소 위　립 지 사 립　도 지 사 행　수 지 사 래　동 지 사 화

其生也榮, 其死也哀, 如之何其可及也."
기 생 야 영　기 사 야 애　여 지 하 기 가 급 야

논어

20편

요왈(堯曰)

20-1
제왕의 도

요임금이 말씀하셨다.

"아! 그대 순이여! 하늘의 운수가 그대 몸에 있으니, 진실로 그 중용의 도를 지키도록 하라. 천하가 곤궁해지면 하늘의 복록 또한 영원히 끊길 것이다."

순임금이 또한 이 말씀으로 우임금에게 명을 내리셨다.

탕임금이 말씀하셨다.

"소자 리^{탕임금의 이름}는 감히 검은 수소를 희생의 제물로 바치며, 감히 밝고 밝으신 상제님께 분명하게 아룁니다. 죄 있는 사람은 감히 용서하지 않겠습니다. 상제님이 내려 주신 어진 신하를 감히 버려두지 않겠으니, 인물을 선택하는 것은 상제님의 뜻을 따르겠습니다. 저에게 죄가 있다면 그것은 천하의 백성 탓이 아니지만, 천하의 백성에게 죄가 있다면 그 죄는 저에게 있습니다."

주나라가 천명을 받아서 선한 사람들이 많아졌다. 무왕이
말씀하셨다.

"비록 지극히 가까운 친척이 있어도 어진 사람이 있는 것만
못하다. 백성에게 잘못이 있다면 나 한 사람에게 있는 것이
다."

도량형을 신중히 바로잡고, 법도를 살피며, 폐지된 관직을
다시 설치하니, 천하의 정치가 제대로 시행되었다. 멸망한
나라를 일으켜 주고, 끊어진 대를 이어 주며, 일민을 등용하
니, 천하 백성이 마음으로 복종했다. 가장 소중히 여긴 것은
백성의 식량과 상례와 제사였다. 임금이 관대하면 많은 사
람을 얻고, 믿음이 있으면 백성이 그를 신임하고, 민첩하면
공을 세우고, 공정하면 백성이 기뻐한다.

堯曰：“咨! 爾舜! 天之曆數在爾躬, 允執其中.
요왈 자 이순 천지력수재이궁 윤집기중

四海困窮, 天祿永終.” 舜亦以命禹. 曰：“予小子履,
사해곤궁 천록영종 순역이명우 왈 여소자리

敢用玄牡, 敢昭告于皇皇后帝：有罪不敢赦.
감용현모 감소고우황황후제 유죄불감사

帝臣不蔽, 簡在帝心. 朕躬有罪, 無以萬方 ;
제신불폐 간재제심 짐궁유죄 무이만방

萬方有罪, 罪在朕躬." 周有大賚, 善人是富.
만방유죄 죄재짐궁 주유대뢰 선인시부

"雖有周親, 不如仁人. 百姓有過, 在予一人."
수유주친 불여인인 백성유과 재여일인

謹權量, 審法度, 脩廢官, 四方之政行焉. 興滅國,
근권량 심법도 수폐관 사방지정행언 홍멸국

繼絶世, 擧逸民, 天下之民歸心焉. 所重民食·喪·祭.
계절세 거일민 천하지민귀심언 소중민식 상 제

寬則得衆, 信則民任焉, 敏則有功, 公則說.
관즉득중 신즉민임언 민즉유공 공즉열

20-2
다섯 가지 미덕과 네 가지 악덕

자장이 공자께 물었다.

"어떻게 해야 정치를 잘할 수 있습니까?"

공자께서 말씀하셨다.

"다섯 가지의 미덕을 존중하고, 네 가지의 악덕을 물리치면 정치를 잘할 수 있다."

자장이 물었다.

"무엇을 다섯 가지의 미덕이라고 합니까?"

공자께서 말씀하셨다.

"군자는 백성에게 베풀지만 낭비하지 않고, 일을 시키지만 원망을 사지 않으며, 좋은 일을 실행하고자 하지만 욕심을 부리지 않고, 편안하지만 교만하지 않으며, 위엄이 있지만 사납지 않다."

자장이 물었다.

"베풀지만 낭비하지 않는다는 말은 무슨 뜻입니까?"

공자께서 말씀하셨다.

"백성에게 이로운 것을 따라서 그들을 이롭게 해주면, 이것이 베풀지만 낭비하지는 않는 것 아니겠느냐? 백성이 할 만한 일을 가려서 일을 시킨다면, 또한 누가 원망하겠느냐? 인을 행하고자 해서 인을 이루면, 또 어찌 탐욕이겠는가? 군자가 많든 적든 크든 작든 감히 소홀히 하지 않는다면, 이것이 편안하지만 교만하지 않은 것 아니겠느냐? 군자가 의관을 바르게 하고 시선을 위엄 있게 하면 엄숙한 모습에 사람들이 바라보고 두려워하니, 이것이 위엄이 있지만 사납지 않은 것 아니겠느냐?"

자장이 물었다.

"무엇을 네 가지 악덕이라고 합니까?"

공자께서 말씀하셨다.

"미리 가르치지 않고 잘못했다고 죽이는 것을 잔학하다고 한다. 미리 주의를 주지 않고 결과만 보고 따지는 것을 포악하다고 한다. 명령은 게을리하고 기일만 재촉하는 것을 해친다고 한다. 어차피 사람들에게 똑같이 나누어 줄 것인데

도 지출이 인색한 것을 옹졸한 유사^{하급 관리}와 같다고 한다."

子張問於孔子曰："何如斯可以從政矣?"子曰：
자 장 문 어 공 자 왈　하 여 사 가 이 종 정 의　자 왈

"尊五美, 屛四惡, 斯可以從政矣."子張曰：
존 오 미　병 사 악　사 가 이 종 정 의　자 장 왈

"何謂五美?"子曰："君子惠而不費, 勞而不怨,
하 위 오 미　자 왈　군 자 혜 이 불 비　노 이 불 원

欲而不貪, 泰而不驕, 威而不猛."子張曰：
욕 이 불 탐　태 이 불 교　위 이 불 맹　자 장 왈

"何謂惠而不費?"子曰："因民之所利而利之,
하 위 혜 이 불 비　자 왈　인 민 지 소 리 이 리 지

斯不亦惠而不費乎? 擇可勞而勞之, 又誰怨?
사 불 역 혜 이 불 비 호　택 가 로 이 로 지　우 수 원

欲仁而得仁, 又焉貪? 君子無衆寡, 無小大,
욕 인 이 득 인　우 언 탐　군 자 무 중 과　무 소 대

無敢慢, 斯不亦泰而不驕乎? 君子正其衣冠,
무 감 만　사 불 역 태 이 불 교 호　군 자 정 기 의 관

尊其瞻視, 儼然人望而畏之, 斯不亦威而不猛乎?"
존 기 첨 시　엄 연 인 망 이 외 지　사 불 역 위 이 불 맹 호

子張曰："何謂四惡?"子曰："不敎而殺謂之虐；
자 장 왈　하 위 사 악　자 왈　불 교 이 살 위 지 학

不戒視成謂之暴；慢令致期謂之賊；猶之與人也,
불 계 시 성 위 지 포　만 령 치 기 위 지 적　유 지 여 인 야

出納之吝, 謂之有司."
출 납 지 린　위 지 유 사

20-3
천명, 예 그리고 말

공자께서 말씀하셨다.

"천명을 알지 못하면 군자가 될 수 없다. 예를 알지 못하면

바로 설 수 없다. 말을 알지 못하면 사람을 알 수 없다."

孔子曰："不知命, 無以爲君子也. 不知禮,
공자왈　　　부지명　무이위군자야　부지례

無以立也. 不知言, 無以知人也."
무이립야　부지언　무이지인야

공자 연보(B. C. 551~479)

1세(B. C. 551)	노(魯)나라 추읍에서 태어나다.
3세(B. C. 549)	부친 숙량흘을 여의다.
17세(B. C. 535)	모친 안씨를 여의다.
19세(B. C. 533)	송(宋)나라 견관씨와 결혼하다.
20세(B. C. 532)	아들 공리가 태어나다. 계씨의 창고지기가 되다.
21세(B. C. 531)	가축 사육하는 일을 맡다
30세(B. C. 522)	15세에 배움에 뜻을 둔 이후, 30세에 자립하다. 노나라에 온 제(齊)경공과 안영을 만나다
34세(B. C. 518)	노나라 대부 맹희자의 아들이 공자 문하에 입문하다.
35세(B. C. 517)	노나라에 내란이 일어나 소공이 제나라로 망명하다. 공자도 제나라로 떠나다.
36세(B. C. 516)	제나라 경공을 만나다. 경공이 정치를 묻다.
37세(B. C. 515)	제나라에서 노나라로 돌아오다.
48세(B. C. 504)	계씨의 가신 양화가 정권을 잡다.
50세(B. C. 502)	공산불요가 비읍을 거점으로 계씨에게 반기를 들다. 공자를 불러 가려 했다가 결국 가지 않다.

51세(B. C. 501)　중도의 읍재에 임명되다. 사공으로 승진하다. 대사구로 승진하다.

52세(B. C. 500)　노정공과 제경공이 협곡에서 회담하다. 공자가 의례를 제대로 지키지 않음을 비판하자 제경공이 사과의 뜻으로 빼앗았던 노나라의 땅을 되돌려 주다.

54세(B. C. 498)　노나라 삼환씨의 무력을 해체시키려다 실패하다.

55세(B. C. 497)　제나라에서 여악을 보내 노정공이 정사를 돌보지 않자 노나라를 떠나 위(衛)나라로 향하다. 천하주유를 시작하다.

56세(B. C. 496)　위나라에서 영공의 부인 남자를 만나다.

59세(B. C. 493)　위나라를 떠나 조(曹)나라를 거쳐 송나라에 이르다.

60세(B. C. 492)　송나라에서 정(鄭)나라를 거쳐 진(陳)나라에 이르다.

61세(B. C. 491)　진나라를 떠나 채(蔡)나라에 이르다.

62세(B. C. 490)　채나라를 떠나 섭(葉) 땅에 이르다.

63세(B. C. 489)　초(楚)나라로 가는 도중 진나라와 채나라 사이에서 곤경에 처하다.

68세(B. C. 484)　노나라 계강자가 예를 갖추어 공자를 부르니 14년 만에 노나라로 돌아오다.

69세(B. C. 483)　아들 공리가 50세로 세상을 떠나다

70세(B. C. 482)　만년에 문헌을 정리하는 일에 집중하다. 제자 안회가 죽다.

71세(B. C. 481)　『춘추』를 짓다.

72세(B. C. 480)　위나라에서 쿠데타가 일어나 자로가 죽임을 당하다.

73세(B. C. 479)　노나라 도성의 북쪽 사수(泗水) 언덕에 묻히다(노나라 애공 16년). 공자가 태어나고 묻힌 이곳은 현재 중국 산동성 중남부에 위치한 곡부이다.

공자의 제자들(가나다 순)

『사기』(史記) 「중니제자열전」(仲尼弟子列傳)은 공자의 제자 77명의 이름을 열거한다. 그중 35명은 나이와 성과 이름이 분명하나, 나머지 42명은 이름은 나오지만 내용은 전해지지 않는다. 이 중 『논어』에 등장하는 제자는 29명으로 이들에 대한 간략한 정보와 함께 이 책에서 등장하는 쪽수를 명기했다.

고시(高柴) 341, 350

자는 자고(子羔). 공자보다 30세 아래.

공백료(公伯寮) 471

자는 자주(子周). 노나라 출신. 자로와 함께 계손씨의 가신을 지냈다.

공서적(公西赤) 144, 171, 238, 345, 351~353

성은 공서(公西), 자는 자화(子華). 공서화로도 불린다. 노나라 출신. 공자보다 42세 아래. 예법에 밝고 외교 방면에 뛰어났다.

공야장(公冶長) 137

자는 자장(子長). 제나라 출신. 공자가 사위로 삼음.

금뢰(琴牢) 273

자는 자개(子開). 위나라 출신.

남궁괄(南宮括) 137, 329, 434

자는 자용(子容). 노나라 출신. 공자의 형이 사위로 삼음.

단목사(端沐賜) 43, 48, 65, 95, 139, 145, 148, 149, 151, 175, 198, 215, 216, 273, 282, 326, 336, 339, 341, 342, 364, 366, 388, 415, 416, 420, 448, 463, 464, 470, 487, 495, 509, 574, 580, 623~625, 627, 629, 630

성은 단목, 자는 자공(子貢). 위나라 출신. 공자보다 31세 아래. 외교 능력이 뛰어나 여러 나라의 외교 사절로 파견되었다. 위나라와 제나라에서 벼슬하였고, 제나라에서 죽었다. 『사기』의 「화식열전」에 의하면 재산을 늘리는 데도 능력을 발휘하여 많은 재물을 모았다고 한다. 공문십철(孔門十哲) 중 언어.

담대멸명(澹臺滅明) 182

자는 자우(子羽). 노나라 출신. 공자보다 39세 아래.

무마시(巫馬施) 234, 235

성은 무마, 자는 기(期). 자기(子旗)라고도 한다. 공자보다 30세 아래. 노나라 단보의 읍재.

민손(閔損) 177, 326, 328, 336, 337

성은 민, 자는 자건(子騫). 노나라 출신. 공자보다 15세 아래. 효행으로 널리 알려졌으며 벼슬에 나가려 하지 않았다. 공문십철 중 덕행.

번수(樊須) 56, 190, 384, 386, 396, 414

자는 자지(子遲). 공자보다 36세 아래. 공자의 수레를 몰았다고 한다. 공자에게 농사짓는 법을 물었다.

복부제(宓不齊) 138

자는 자천(子賤). 공자보다 30세 아래.

복상(卜商) 40, 60, 85, 181, 326, 339, 362, 386, 387, 412, 604, 606~614, 616

성은 복, 자는 자하(子夏). 위나라 출신, 공자보다 44세 아래. 문학에
뛰어난 제자이다. 위문후가 스승으로 삼았으며, 서문표, 단목간, 오기
등이 그의 제자이다. 공자 사후 위나라로 돌아가 공자의 사상을 계승
하는 학단을 이루어 강론했다고 한다. 공자의 가르침을 후세에 전하
는 데 공헌했다. 공문십철 중 문학.

사마경(司馬耕) 360~362

자는 자우(子牛). 공자를 죽이려 했던 사마퇴의 동생으로, 형이 일으
킨 난리에 유일하게 동조하지 않은 인물이다. 그 결과 형제들에게 버
림받았다.

안무요(顏無繇) 331

자는 노(路). 안회의 아버지이다.

안회(顏回) 61, 145, 163, 170, 174, 179, 210, 278, 289, 290, 326, 327, 330~334,
342, 347, 356, 357, 496

성은 안, 자는 자연(子淵). 노나라 출신. 공자보다 30세 아래. 평생 가
난했다고 하며 29세에 백발이 되었다고 한다. 여러 제자 중에 공자가
가장 아낀 제자이지만 단명하여 공자가 통곡했다. 공문십철 중 덕행.

언언(言偃) 59, 135, 182, 326, 555, 614, 617, 618

성은 언, 자는 자유(子游). 오나라 출신. 공자보다 45세 아래. 문학에

뛰어난 제자이다. 공문십철 중 문학.

염경(冉耕) 178, 326

성은 염, 자는 백우(伯牛). 노나라 출신. 공자보다 7세 아래. 나병을 앓았다고 하며 공자보다 먼저 세상을 떠났다. 공문십철 중 덕행.

염구(冉求) 83, 143, 171, 175, 180, 215, 326, 336, 340, 345, 346, 348, 351, 353, 402, 408, 441, 531, 532

성은 염, 자는 자유(子有). 노나라 출신. 공자보다 29세 아래. 유능한 행정가로 계씨의 가신으로 출세했다. 세금 제도와 관련 계씨를 도왔는데 이로 인해 공자의 문하에서 성토 당했다. 공자가 노나라로 귀국하는 것을 도왔다. 공문십철 중 정사.

염옹(冉雍) 140, 168, 173, 326, 359, 392

성은 염, 자는 중궁(仲弓). 노나라 출신. 공자보다 29세 아래. 미천한 출신이지만 덕행이 높고 학식이 뛰어나 공자는 중궁을 왕이 될 만한 인물이라고 칭찬했다. 공문십철 중 덕행.

원헌(原憲) 171, 429

자는 자사(子思). 공자의 제자 중 가장 가난했던 제자이다. 공자가 사구 벼슬을 할 때 읍재를 지냈다.

유약(有若) 35, 45, 46, 367

성은 유, 자는 자유(子有). 노나라 출신, 공자보다 33세 아래. 공자가 죽은 후 모습이 공자와 비슷하다 하여 제자들이 스승으로 삼은 인물이라는 이야기가 전해진다. 『논어』에 유자(有子)로 나온다.

재여(宰予) 99, 146, 194, 326, 576, 577

성은 재, 자는 자아(子我). 노나라 출신. 공자보다 29세 아래. 공자의
제자 중에서도 언변이 뛰어났다. 공자의 가르침에 의문을 제기하고
따르지 않기도 했다. 공문십철 중 언어.

전손사(顓孫師) 70, 75, 155, 156, 339, 343, 363, 369, 375, 382, 478, 490, 528,
559, 602~604, 618, 619, 636, 637

자는 자장(子張). 진(陳)나라 출신. 공자보다 48세 아래. 자장은 공자
에게 구체적인 정무를 어떻게 실행할 것인지 질문했다. 공자 사후 진
(陳)나라에서 강론하며 '자장학파'를 이끌었다.

중유(仲由) 69, 142, 143, 150, 163, 175, 196, 210, 220, 239, 280, 296, 323, 326,
335, 336, 338, 341, 345, 346, 348, 350, 351, 353, 373, 391, 394, 425, 441, 447,
455, 471, 475, 480, 485, 488, 531, 532, 557, 560, 562, 579, 591, 592, 594, 595

성은 중, 자는 자로(子路)이며 계로(季路)라고도 불린다. 노나라 출
신. 공자보다 9세 아래. 성격이 급해 공자에게 꾸중을 들은 적이 많다.
하지만 늘 공자 가까이에서 스승에 대해 비판도 서슴지 않아 공자가
믿고 의지하는 제자이기도 했다. 63세의 일기로 공자보다 먼저 세상
을 떠났다. 자로의 시체가 토막 나 소금에 절여졌다는 소식을 들은
공자는 대성통곡하며 집안의 젓갈 단지 뚜껑을 모두 덮어 버리라 명
했다고 한다. 공문십철 중 정사.

증삼(曾參) 37, 42, 124, 246, 247, 249, 250, 251, 341, 389, 461, 619~622

자는 자여(子輿), 노나라 출신. 공자보다 46세 아래. 공자의 제자였
던 증점의 아들이다. 효성이 지극했다. 『효경』의 저자로 알려져 있다.
『논어』에 증자(曾子)로 나온다.

증점(曾點) 351~353

자는 석(晳). 증자의 아버지이다.

진강(陳亢) 43, 547, 548, 630

성은 진(陳)이고, 자는 자금(子禽). 진나라 출신. 공자보다 40세 아래.
자공의 제자라는 설이 있다.

칠조개(漆彫開) 141

성은 칠조, 자는 자개(子開). 공자보다 11세 아래. 공자 사후 따르는
제자가 많아 '칠조개유파'를 형성했다고 한다.